伝承や古典にのこる！
日本の怖い妖怪
水辺と道の妖怪たち

もくじ

巻頭言／小松和彦先生 ・・・・・・・ 04

赤えい ・・・・・・・・・・・・・・・ 06

赤舌 ・・・・・・・・・・・・・・・・ 07

小豆洗い ・・・・・・・・・・・・・ 08

アッコロカムイ ・・・・・・・・・ 09

油すまし ・・・・・・・・・・・・・ 10

アマビエ ・・・・・・・・・・・・・ 11

網切 ・・・・・・・・・・・・・・・・ 12

雨降小僧 ・・・・・・・・・・・・・ 13

牛鬼 ・・・・・・・・・・・・・・・・ 14

姥が火 ・・・・・・・・・・・・・・ 16

姑獲鳥 ・・・・・・・・・・・・・・ 17

海座頭 ・・・・・・・・・・・・・・ 18

海坊主 ・・・・・・・・・・・・・・ 19

うわん ・・・・・・・・・・・・・・ 20

大入道 ・・・・・・・・・・・・・・ 21

朧車 ・・・・・・・・・・・・・・・・ 22

傘化け ・・・・・・・・・・・・・・ 23

がしゃどくろ ・・・・・・・・・・ 24

片輪車 ・・・・・・・・・・・・・・ 25

河童 ・・・・・・・・・・・・・・・・ 26

髪切り ・・・・・・・・・・・・・・ 28

川赤子 ・・・・・・・・・・・・・・ 29

川姫 ・・・・・・・・・・・・・・・・ 30

子泣き爺 ・・・・・・・・・・・・・ 31

栄螺鬼 ・・・・・・・・・・・・・・ 32

水虎 ・・・・・・・・・・・・・・・・ 33

砂かけ婆 ・・・・・・・・・・・・・ 34

すねこすり ・・・・・・・・・・・・ 35

狸 ・・・・・・・・・・・・・・・・・ 36

手の目 ・・・・・・・・・・・・・・ 38

豆腐小僧 ・・・・・・・・・・・・・ 39

百々目鬼 ・・・・・・・・・・・・・ 40

共潜 ・・・・・・・・・・・・・・・・ 41

人魚 ・・・・・・・・・・・・・・・・ 42

ぬりかべ ・・・・・・・・・・・・・ 44

濡女 ・・・・・・・・・・・・・・・・ 45

化鯨 ・・・・・・・・・・・・・・・・ 46

橋姫 ・・・・・・・・・・・・・・・・ 47

ヒダル神 ・・・・・・・・・・・・・ 48

ブナガヤ ・・・・・・・・・・・・・ 49

船幽霊 ・・・・・・・・・・・・・・ 50

ふらり火 ・・・・・・・・・・・・・ 52

古山茶の霊 ・・・・・・・・・・・・ 53

見越入道 ・・・・・・・・・・・・・ 54

百々爺 ・・・・・・・・・・・・・・ 55

夜行さん ・・・・・・・・・・・・・ 56

八岐大蛇 ・・・・・・・・・・・・・ 57

わいら ・・・・・・・・・・・・・・ 58

輪入道 ・・・・・・・・・・・・・・ 59

妖怪たちが出てくる古典文学 ・・ 60

さくいん ・・・・・・・・・・・・・ 62

コラム／妖怪の分類 ・・・・・・・・・・・・・・・・・・・・・・・・・・・ 07
　　　　黄表紙 ・・・・・・・・・・・・・・・・・・・・・・・・・・・・・ 39
　　　　幽霊と妖怪 ・・・・・・・・・・・・・・・・・・・・・・・・・・・ 58

歩けば妖怪に出会う。

住み慣れた里から一歩踏み出せば、
移動する間に妖怪たちと遭遇する機会もふえる。

寂しい山道では、茂みの中から赤児の泣き声が聞こえる……。
喉が渇いて池に近づけば、水面に不気味な波紋が広がる……。

時には音が聞こえるだけ。いきなり鳥肌が立つだけ。
そんな一瞬に人々が確かに感じた妖怪たちの気配。

そんな妖怪たちの姿を人は伝承にとどめてきた。
この巻で紹介する、水辺や道で出会う妖怪たちに、
会いに出掛けてみるのも面白いかもしれない。

▲「百鬼夜行絵巻」国際日本文化研究センター所蔵（部分）

本書の「ココに登場！」コーナーは、民間伝承や原典を参考にしながら、現代語で簡潔にまとめたものです。
また、本文中の参照表記で里は別巻「里の妖怪たち」、山は「山の妖怪たち」をあらわしています。

巻頭言

日本の豊かな妖怪文化を学び楽しもう

小松 和彦

　「妖怪」ということばから、皆さんは何をイメージしますか？ テレビ・アニメの「妖怪ウォッチ」や「ゲゲゲの鬼太郎」などに登場する、怪しげな姿をした、ときには人間に危害を加える存在でしょうか？　あるいは、絵本などに描かれている、怖いけれどもちょっと間抜けな面もある、鬼や山姥、天狗などでしょうか？

　妖怪とは、改まったときに使う新しい言葉で、世間では昔から「化け物」とか「魔物」「お化け」「あやかし」などといった言い方が広く使われていました。とくに「お化け」は子どもたちの間で使われることばでした。

　妖怪は、もとは洪水や地震、疫病など人間に害をなすさまざまなできごとを説明するために使われたことばです。たとえば、洪水は大蛇が引き起こしたと考え、疫病は鬼の活動によって引き起こされたものだと考えたのです。今では、洪水や地震、疫病の発生原因を科学的に説明できますが、科学が発達していなかった昔は、妖怪を想像することで説明しようとしたのです。ところが、時代が下るにつれて、物語の中のキャラクターへと変化してきました。信仰上の対象から娯楽文化の一部となったわけです。

　妖怪は、さまざまなところに住んでいました。山にも、川や沼にも、村や町のはずれにも、そして家の中にも住んでいました。とはいっても、そうした場所で必ず妖怪に出会うわけではありません。人間は妖怪と出会うことを避けて生活しているのですが、たまたま妖怪と出会ってしまったというのがほとんどのようです。

　こうした妖怪をめぐる話は、昔からたくさん語られてきました。また、絵本などではその姿かたちも描かれました。妖怪をめぐる話は、どこの国や民族でも語られてきましたが、日本の場合、驚くほどたくさんの種類の妖怪が描かれてきたというところに特徴があります。これらの妖怪を大きく分けると、自然をもとにした妖怪、道具をもとにした妖怪、人間をもとにした妖怪に分けることができますが、妖怪の出没する場所によって、たとえば、里や家などに出る妖怪、山に出る妖怪、海や川などの水辺や道に出る妖怪と分けることもできそうです。また、妖怪にも盛衰がありますので、古い時代の妖怪、新しい妖怪といった歴史的な観点からも分けることができるでしょう。

　この本では、歴史的な観点からの分類や出没場所による分類をもとに整理しながら、代表的でかつ興味深い妖怪の姿かたちを示し、簡単な解説をつけることにしました。

　全三巻のうち、今回の巻は、「水辺と道の妖怪たち」です。

　現代の日本人にとって、私たちの先祖が想像力を駆使して生み出した多様な姿かたちの妖怪たちを眺めるのは、ちょっと怖いけれども、とても楽しいことです。妖怪を通じて、日本の歴史や民俗の一端を学んでいただければ幸いです。

▼「妖怪絵巻」国際日本文化研究センター所蔵(部分)

赤えい
（あか）

時代
（じ だい）

江戸時代
（え ど じ だい）

出典
（しゅつ てん）

絵本百物語
（え ほん ひゃく もの がたり）

出現場所
（しゅつ げん ば しょ）

千葉県
（ち ば けん）

特徴
（とく ちょう）

非常に巨大なエイの妖怪。
（ひ じょう）（きょ だい）　　（よう かい）

　赤えいは、海に住む巨大な魚の妖怪。大きさは三（あか）　　（うみ）（す）（きょ だい）（さかな）（よう かい）　　　　　　　（さん）里（約12㎞）もあり、まるで島のようだ。背中にたまっ（り）（やく）　　　　　　　　　　　　（せ なか）た砂を払いおとすため、ときどき海の上に出てくると（すな）（はら）　　　　　　　　　　　（うみ）（うえ）（で）いわれている。

　面積でいうと約110㎢で、東京・JR山手線の内（めん せき）　　　　（やく）　　　　　　（とう きょう）（やま の て せん）（うち）側の2倍程度。……とんでもない大きさの妖怪だ。（がわ）（ばい てい ど）　　　　　　　　　　（おお）　　　（よう かい）

　赤えいのほかにも、蝦夷（今の北海道）の東の海に（あか）　　　　　　　（え ぞ）（いま）（ほっ かい どう）（ひがし）（うみ）いる「オキナ」という怪魚も三里以上の大きさがあり、（かい ぎょ）（さん り い じょう）（おお）60mもあるクジラを餌にするという。アッコロカム（えさ）イ（→p9）も大きな妖怪だが、海でこんな巨大な妖怪（おお）　　（よう かい）　　　（うみ）　　　　（きょ だい）（よう かい）たちに会えたら、感動するだろうか、それとも怖いだ（あ）　　　　（かん どう）　　　　　　　　　　　　　（こわ）ろうか。

（→p9）

ココに登場！
（とう じょう）

「絵本百物語　桃山人夜話　赤えいの魚」より
（え ほん ひゃく もの がたり）（とう さん じん や わ）（あか）（うお）

　昔、安房国野島ヶ崎の船乗りたちが嵐に会って漂流していたとき、島が近くに見えてきた。（むかし）（あわ の くに の じま が さき）（ふな の）　　　（あらし）（あ）（ひょう りゅう）　　　　　　　（しま）（ちか）（み）喜んだ船乗りたちは、助けを求めて島に上陸したのだが、様子がおかしい。どこを探しても（よろこ）　（ふな の）　　　　（たす）（もと）（しま）（じょう りく）　　　　　　（よう す）　　　　　　　　　　　（さが）人の姿がなく、水たまりにたまっているのは海水ばかりで、飲むこともできなかった。助け（ひと）（すがた）　　　（みず）　　　　　　　　　　　　　（かい すい）　　　　　　（の）　　　　　　　　　　　　（たす）をあきらめた船乗りたちが島を離れると、その島は海に沈んでしまった。島だと思っていた（ふな の）　　　（しま）（はな）　　　　　　（しま）（うみ）（しず）　　　　　　（しま）（おも）のは、赤えいの背中だったのだ。（あか）（せ なか）

▲現在の野島崎（千葉県）
（げん ざい）（の じまさき）（ち ば けん）

 豆知識（まめ ち しき）　実在する魚「アカエイ」は、大きさ1mぐらい。水族館や鮮魚売り場でも見られるエイの仲間だ。（じつ ざい）（さかな）　　　　　　　　（おお）　　　　　　　　（すい ぞく かん）（せん ぎょ う）（ば）（み）　　　　　（なか ま）

赤舌
あかした

時代
じだい

江戸時代

出典
しゅってん

画図百鬼夜行

出現場所
しゅつげんばしょ

特定不能
とくていふのう

特徴
とくちょう

大きな顔で空からにらむ。

赤舌は、正体不明の妖怪だ。江戸時代の浮世絵師・鳥山石燕が描いた「画図百鬼夜行」に登場するが、説明は何も書かれていない。

赤舌は、大安とか仏滅とかの六曜のひとつ「赤口」を意味し、「口は災いの元」という教訓を表している妖怪だという説や、村人が守っている田畑を水で押し流してしまう恐ろしい妖怪だという説がある。

いずれにしても、こんな顔の妖怪が空からこちらを見ていたら相当怖いのではないだろうか。

コラム

妖怪の分類
ようかいぶんるい

「化物・猿飛佐助」
ばけもの さるとびさすけ
国際日本文化研究センター所蔵
こくさいにほんぶんかけんきゅう しょぞう

風俗史学者の江馬 務(1884-1979)は、妖怪を形によって「人間」「動物」「植物」「器物」「自然物」の5種類にわけることを提案している。この本に出てくる妖怪がどの種類になるのか、君も考えてみよう。

また、民俗学研究所では妖怪を出現する場所や特徴によって、「山の怪」「道の怪」「木の怪」「水の怪」「海の怪」「雪の怪」「音の怪」「動物の怪」の8種類に分類し、「綜合日本民俗語彙」で説明している。

ほかにも多くの民俗学者がいろいろな分類をしているので、機会があれば調べてみよう。

豆知識 作家・佐藤有文は「赤舌は、真っ赤な夕焼け空から舌をのばして人間をさらっていく妖怪だ。」と書いている。

小豆洗い
あずき あら

時代
じ だい

江戸時代
え ど じ だい

出典
しゅっ てん

白河風土記
しら かわ ふ ど き

絵本百物語
え ほん ひゃく もの がたり

出現場所
しゅつ げん ば しょ

全国各地
ぜん こく かく ち

特徴
とく ちょう

川の近くで小豆を洗う音が……
かわ ちか あずき あら おと

「小豆洗おか、人取って喰おか……」。そんな物騒な歌を歌いながら川のほとりでショキショキと小豆を洗っているのが妖怪・小豆洗いだ。

茨城県や佐渡島に伝わる小豆洗いは、僧侶の姿をしている縁起のいい妖怪で、縁結びの力があるという。こんな妖怪なら会ってもいいだろう。

逆に大分県に伝わる小豆洗いは、小豆を洗う音に気をとられていると、気づかないうちに川に落とされてしまうという。こちらは迷惑な妖怪のようだ。

小豆洗いの正体としてキツネやイタチ、ガマガエルなどの動物があげられているが、小豆洗虫という昆虫のしわざだという説もある。

ココに登場！
とう じょう

「絵本百物語　桃山人夜話　小豆あらい」より
え ほん ひゃく もの がたり とう さん じん や わ あずき

昔、越後国高田の寺の日顕という和尚が小僧を預かることになった。その小僧は体が不自由だったが、数を数えるのが得意で、升に入った小豆の数もぴたりと言い当てるほどだった。和尚は小僧を可愛がっていたが、それを妬んだ円海という僧侶が小僧を井戸に投げ込んで殺してしまう。それ以来、小僧の霊が近くの川で小豆を洗って数を数えるようになったという。

豆知識
まめ ち しき

「小豆とぎ」ともいう。ほかにも、「小豆アゲ」「小豆ごしゃごしゃ」「小豆そぎ」「小豆こし」「小豆さらさら」と呼ぶ地域もある。

アッコロカムイ

時代
不明

出典
北海道昔話

出現場所
北海道 噴火湾

特徴
船も飲みこむ巨大なタコの妖怪。

　北海道の噴火湾に住む巨大なタコの妖怪で、体全体が真っ赤な色をしている。アッコロカムイが現れると、体の色を反射して空まで赤くなるという。

　船やクジラもひとのみにされてしまうので、空が赤く染まったときには、漁師は海に出ないか、用心のために大きな鎌を用意していたそうだ。

　噴火湾にはほかにも女性の肌着が化けた「アツゥイカクラ」というナマコの妖怪や、「レブンエカシ」という沖の長老のような妖怪がいて、漁師を飲み込んだりするらしい……。北の大地の海は巨大な妖怪たちであふれているようだ。

ココに登場！ 森野正子「北海道昔話」より

　かつて礼文華の地に巨大なクモの怪物「ヤウシケプ」が現れ、家を壊したり、畑を荒らしたりして、人々は困っていた。そんな人々の祈りの声がある日、海の神・レプンカムイの耳に届き、レプンカムイはヤウシケプの姿をタコに変え、噴火湾に引き込んだ。それ以来ヤウシケプはアッコロカムイとなり、噴火湾で暴れ続けているという。

▲現在の噴火湾(内浦湾)

豆知識　西洋にも「クラーケン」という海の怪物の伝説がある。アッコロカムイとちがい、クラーケンはイカに似ているという。

油すまし
あぶら

時代
じ だい
明治時代
めい じ じ だい

出典
しゅっ てん
妖怪談義
よう かい だん ぎ
天草島民俗誌
あま くさ とう みん ぞく し

出現場所
しゅつ げん ば しょ
熊本県
くま もと けん

特徴
とく ちょう
山道でウワサをすると現れる。
やま みち あらわ

「油すましなんて、いない」……そう思っている人間の前に、油すましは現れるという。

むかし、熊本の天草郡栖本村と下浦村を結ぶ峠道を、老婆が孫と一緒に歩いていた。峠をこえるときに「むかし、ここには油瓶をさげた妖怪がでたらしいじゃ」と老婆が孫に話して聞かせていると、「今も一、出ーるーぞー」といいながら、妖怪・油すましが現れたそうだ。

その栖本村では2004年に「油すましどん」と呼ばれる石像が見つかった。この石像は首がなく、両手をあわせた姿で、今も山道に安置されている。

ココに登場！ 「天草島民俗誌」より
どう じょう あま くさ とう みん ぞく し

天草郡、一町田村益田に「うそ峠」という場所があった。ここを通りかかった二人連れが、「昔ここに、血のついた人間の手が落ちてきたそうだ」と話をしていると、「今も一」という声がして、人の手が坂から転がってきた。驚いた二人連れはその場を逃げ出した後、「ここでは生首が…」と言ったとたん、「今ぁ…も」という声と一緒に、今度は生首が落ちてきたという。

▲近年見つかった油すましどん（熊本県）
きんねん み あぶら くまもとけん

豆知識 油はむかし、貴重だったため、油すましのほかにも「油赤子（→里・p9）」や「油返し」「油坊」など、油に関係のある妖怪が多い。
まめ ち しき あぶら き ちょう あぶら あぶらあか ご さと あぶらがえ あぶらぼう あぶら かん けい よう かい おお

アマビエ

時代

江戸時代

出典

日本幻獣図説

出現場所

熊本県

特徴

海から現れ、予言をする。

　アマビエは海から現れる妖怪で、その年が豊作になるかどうか、流行病がおこらないか、などの予言をしたという記録が残っている。

　人魚に似ていると書かれている本もあるが、アマビエにはくちばしがあり、首から下にはウロコがびっしりで、足は三本という容姿から考えると、人魚とは異なる妖怪だと思われる。

　当時の瓦版（今でいう新聞）でとりあげられて有名になったが、ほかには目撃例が残っていない。

　熊本には海から出てきて予言をする「アマビコ」という別の妖怪がいるので、どこかで混同されてしまったのかもしれない。

ココに登場！ 湯本豪一「日本幻獣図説」より

　弘化三年の四月中旬、肥後国の海中で毎晩のように光る物体が現れた。役人が駆けつけてみると、海の中から人魚に似た妖怪が現れ、「海の中に住むアマビエである。これから六年間は豊作が続くが、疫病が流行るようなら私の姿を描いた紙を人々に見せよ」と言い残し、海の中に帰っていった。アマビエの姿は瓦版に記され、広く人々に伝えられたという。

▲弘化三年の瓦版（模写）

豆知識　アマビコは「天彦」とか「天日子尊」とも呼ばれている。妖怪というより神に近い存在かもしれない。

網切
あみ きり

時代
じ だい
江戸時代
え ど じ だい

出典
しゅっ てん
画図百鬼夜行
が ず ひゃっ き や こう
東北怪談の旅
とう ほく かい だん たび

出現場所
しゅつ げん ば しょ

山形県
やま がた けん

特徴
とく ちょう
干してある網を切り裂く妖怪。
ほ あみ き さ よう かい

網切は、絵師・鳥山石燕の「画図百鬼夜行」に登場する妖怪だ。絵には説明がなく、ほかに伝承も伝わっていないため石燕が考えたオリジナルの妖怪だともいわれている。

ただ、作家で詩人の山田野理夫が書いた「東北怪談の旅」という本には、網切が漁村に干してある魚網や、夜寝るときに使う蚊帳という道具を切り裂いてしまう話が残されている。東北地方では、わりと知られた妖怪だったのかもしれない。

妖怪・髪切り（→p28）に口や手の形が少し似ている気もする。ものを切るという能力が同じだと、見た目も似てくるのだろうか。

ココに登場！ 山田野理夫「東北怪談の旅　網切り」より

山形県庄内地方の漁村では、舟を出さない日は村人総出で網のつくろいをした。昼時になったので村人たちが家に入って食事をすませ、作業場に戻ると網がズタズタに切り裂かれていた。網切りの仕業である。金之助の家では網を家の中に隠していたので被害に遭わずにすんだ。金之助は喜び、蚊帳を吊ってゆったりと眠ったが、朝起きると体中を蚊に刺されていた。網切りが蚊帳を切り裂いていたのだ。どこかで網切りの笑う声が聞こえた。

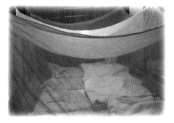

▲蚊帳
かや

 豆知識　蚊帳は、蚊取り線香がなかった時代に、目の細かな網をつるしてその中で寝た、虫除けのための寝具。
まめ ち しき かや か とり せん こう じ だい め こま あみ なか ね むし よ しん ぐ

雨降小僧
<ruby>雨<rt>あめ</rt></ruby><ruby>降<rt>ふり</rt></ruby><ruby>小<rt>こ</rt></ruby><ruby>僧<rt>ぞう</rt></ruby>

時代<ruby><rt>じだい</rt></ruby>
江戸時代<ruby><rt>えどじだい</rt></ruby>

出典<ruby><rt>しゅってん</rt></ruby>
今昔画図続百鬼<ruby><rt>こんじゃくがずぞくひゃっき</rt></ruby>
東北怪談の旅<ruby><rt>とうほくかいだんのたび</rt></ruby>

出現場所<ruby><rt>しゅつげんばしょ</rt></ruby>
岩手県<ruby><rt>いわてけん</rt></ruby>

特徴<ruby><rt>とくちょう</rt></ruby>
雨を降らせるこどもの妖怪。<ruby><rt>あめ</rt></ruby><ruby><rt>ふ</rt></ruby><ruby><rt>ようかい</rt></ruby>

雨の中を歩いていると、道の向こうからやってくる妖怪が雨降小僧だ。

柄のない和傘を直接頭にかぶったこどもの姿をしていて、手には提灯をもっている。

とくに危険な妖怪というわけではないが、雨降小僧の傘を奪って頭にかぶってしまうと、その傘は取れなくなるそうだ。雨降小僧をからかうのはやめておいたほうがいいだろう。

江戸時代の「黄表紙」と呼ばれる絵本で人気のあった妖怪で、雨の神に仕える小姓だという説もある。見た目とちがって、意外と格の高い妖怪なのかもしれない。

ココに登場!<ruby><rt>とうじょう</rt></ruby> 山田野理夫「東北怪談の旅 雨降り小僧」より<ruby><rt>やまだのりお</rt></ruby><ruby><rt>とうほくかいだん</rt></ruby><ruby><rt>たび</rt></ruby><ruby><rt>あめふ</rt></ruby><ruby><rt>こぞう</rt></ruby>

岩手県上閉伊郡にある仙人峠という場所に馬喰が通りかかったときのこと。峠にいた狐が「魚をやるぞ。娘の嫁入りをするから雨を降らせてくれ」と叫んだ。すると小僧が飛び出してきて手にした提灯を振り、あたりはたちまち暗くなって雨が降り出した。その雨の中を狐の嫁入りの行列が続いたが、不思議なことに馬喰の足許だけは明るく、からだは全く濡れなかったそうだ。地元の古老が言うには、それが雨降小僧だそうだ。

▲現在の仙人峠<ruby><rt>げんざい</rt></ruby><ruby><rt>せんにんとうげ</rt></ruby>

豆知識<ruby><rt>まめちしき</rt></ruby> 雨降小僧と並び、同じ妖怪の豆腐小僧（→p39）も江戸時代の黄表紙などで親しまれた。

牛鬼
うし　おに

豆知識　「枕草子」には「おそろしきもの」として牛鬼の名前があげられている。「吾妻鏡」には牛鬼の毒で24人が病に倒れ7人が

時代
平安時代

出典
枕草子、吾妻鏡、太平記
江戸諸国百物語

出現場所
西日本各地
東京都

特徴
頭が牛で体は鬼、あるいはその逆、さらに体は土蜘蛛などと伝わる凶暴な妖怪。口からは毒を吐く。

「枕草子」や「太平記」など、古典文学にも登場している有名な妖怪が牛鬼だ。江戸時代には牛の首に蜘蛛の胴体という姿で多く描かれ、海辺や沢、淵などの水辺で人に襲いかかる。

性格は残忍で、気性が荒い。口から毒を吐いたり、人を食い殺すといわれ、危険な妖怪の代表ともいえる存在だ。

山陰地方では磯女や濡女（→p45）と一緒に海岸に出ることがあるらしい。水辺に立つ女性が、赤ん坊をだいていてほしいと頼んできたら警戒したほ

▲牛嶋神社の撫牛（東京都）

うがいいだろう。その赤ん坊を抱くと石のように重くなって身動きがとれなくなり、そのすきに海から出てきた牛鬼に殺されてしまうと伝えられている。

武将や山伏に退治された記録も残る牛鬼だが、退治した者は祟られて不幸になったり、高熱をだして死んでしまったりするという。退治するのも命がけのようだ。

全国各地に牛鬼淵や牛鬼滝という地名が残っていたり、四国の宇和島では山車として祭りの花形になっていたりする牛鬼。浅草に現れた牛鬼は現在では「撫牛」として祀られているという。恐ろしい存在ではあるが、人々の生活にもとけこんでいる妖怪、それが牛鬼なのだろう。

ココに登場！ 「江戸諸国百物語　牛鬼」より

和歌山県西牟婁郡に残る牛鬼淵は、淵の底が海まで通じているとも、淵の水が濁ると牛鬼が出るとも言われていた。この淵に出る牛鬼は、その姿を見ただけで病気になると恐れられていたが、「石は流れる、木の葉は沈む、牛は嘶く、馬は吠える」という逆の意味を持つ言葉を唱えると命が助かったという。

四国では人や家畜を襲う牛鬼を山田蔵人高清という弓の名手が退治したが、息絶えた牛鬼の姿があまりに恐ろしかったので、魔除けとして祀られることになった。これが宇和島の牛鬼祭りの始まりになったと言われている。

▲牛鬼祭りで使われる山車「牛鬼」

姥が火

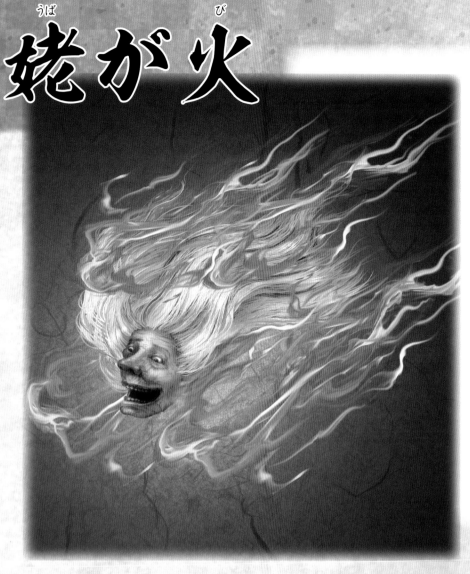

時代
江戸時代

出典
諸国里人談

西鶴諸国ばなし

出現場所

大阪府

京都府

特徴
炎のなかに老婆の顔がうかぶ。

夜、村々を飛びまわる火の玉。その中には老婆の顔がうかび、額のしわが炎になって燃えあがる……。

そんな恐ろしい姿の妖怪が姥が火だ。河内（今の大阪府）や丹波（今の京都府）によく出たらしい。

姥が火に肩をかすめて飛ばれた者は二年以内に死ぬといわれていた。

こんな妖怪がいきなり飛んできたらパニックになるのも無理はないと思うが、姥が火に肩をかすめられたときには「油さし」と唱えると、姥が火は消えてしまうらしい。覚えておくといいだろう。

ココに登場! 「諸国里人談」より

河内国、平岡神社（今の枚岡神社）に伝わる話。ある老婆が捕まった。人々の噂によれば、この老婆は若い頃、十八の年までに十一人の男と付き合っていたが、付き合った男は全て死んでしまったという。誰も寄りつかなくなった女は八十八才まで生きたが、平岡神社の御神灯を盗んだことでお縄となったのだ。天罰があたった老婆の魂は死後、火の玉となって村々を飛び回り、村人を恐れさせたという。

▲枚岡神社拝殿への道（大阪府）

 豆知識 京都の亀山では、ある老婆が村のこどもを川に流して殺していた。その老婆は死後、天罰が下り姥が火になったという。

姑獲鳥
うぶめ

時代
じだい

江戸時代
えどじだい

出典
しゅってん

百物語評判、和漢三才図会
ひゃくものがたりひょうばん　わかんさんさいずえ

柳津町誌 総説編
やないづちょうし　そうせつへん

出現場所
しゅつげんばしょ

全国各地
ぜんこくかくち

特徴
とくちょう

こどもを抱いて現れる女の妖怪。
だ　あらわ　おんなようかい

雨のふる夜。血まみれの布を腰に巻いた女性が赤ん坊を抱いて立っていたら、それは妖怪・姑獲鳥かもしれない。

姑獲鳥は産女とも書き、こどもを産む最中に死んでしまった母親の執念が妖怪になったものだといわれている。また、オボ、ウグメなどと呼ぶ地域もある。

姑獲鳥は赤ん坊を抱くよう頼んでくるが、赤ん坊をちゃんと抱いて、姑獲鳥に返すことができたら、その人は金持ちになったり、怪力を授けられたりするそうだ。勇気のある人は挑戦してみるのも面白いかもしれない。ただ、赤ん坊は喉にかみついてくるそうなので、かまれないよう注意は必要だ。

ココに登場！
とうじょう
柳津町誌総説編　円蔵寺「おぼ抱き観音伝説」より
やないづちょうしそうせつへん　えんぞうじ　だ　かんのんでんせつ

元禄の頃、会津に馬場久左衛門という信心深い男が住んでいた。ある晩、寺参りの帰りに早坂峠にさしかかると、赤子を抱いた若い女が立っている。その女は「髪を結う間、この子のお守りをしてくれたらお礼を差し上げます。ただ、この子が泣くようなことがあればあなたの命はありません」と言った。久左衛門は夜明けまで子どもを抱き続け、金の重ね餅を受け取った。その後、久左衛門の家はたいそう栄えたという。

▲伝説の残る円蔵寺（福島県）
でんせつ　のこ　えんぞうじ　ふくしまけん

海座頭
<ruby>海<rt>うみ</rt></ruby><ruby>座<rt>ざ</rt></ruby><ruby>頭<rt>とう</rt></ruby>

時代
<ruby>時代<rt>じだい</rt></ruby>

<ruby>江戸時代<rt>えどじだい</rt></ruby>

出典
<ruby>出典<rt>しゅってん</rt></ruby>

<ruby>画図百鬼夜行<rt>がずひゃっきやこう</rt></ruby>、<ruby>百鬼夜行絵巻<rt>ひゃっきやこうえまき</rt></ruby>
<ruby>江戸諸国百物語<rt>えどしょこくひゃくものがたり</rt></ruby>

出現場所
<ruby>出現場所<rt>しゅつげんばしょ</rt></ruby>

<ruby>特定不能<rt>とくていふのう</rt></ruby>

特徴
<ruby>特徴<rt>とくちょう</rt></ruby>

<ruby>琵琶法師<rt>びわほうし</rt></ruby>の<ruby>姿<rt>すがた</rt></ruby>で<ruby>海上<rt>かいじょう</rt></ruby>をさまよう。

海座頭は鳥山石燕が描いた絵や、江戸時代の絵巻物などに登場する、海の妖怪だ。「座頭」というのは琵琶法師（琵琶を弾き語りする、目のみえない僧侶）の階級のひとつだが、江戸時代には目のみえない者をさす言葉としてひろまっていた。

そんな座頭の姿をした妖怪が海座頭で、海坊主（→p19）の仲間だともいわれる。海坊主とのちがいは、手に杖を持ち、背中に琵琶を背負っていること。

琵琶法師がすべて妖怪というわけではないが、海座頭が琵琶法師の格好だったり、怪談「耳なし芳一」の主人公が琵琶法師だったりと、琵琶法師にはなんだか怖いイメージがあったのかもしれない。

ココに登場！ 「江戸諸国百物語　海座頭」より

海の沖合に棲んでいる海座頭は、月の終わりになると姿を現し、杖をつきながら海の上をさまよい歩く。通りかかる船を呼び寄せて転覆させたり、大きな波に飲み込ませたりする。時折、船に乗っている人に「お前が恐ろしいと思うものは何だ」と質問してくることがあるが、正直に答えれば海座頭は何もせずに帰っていくといわれている。

▲下関の赤間神宮に残る琵琶法師の像

豆知識　海座頭が出るのは海坊主が出ない時期で、同時に現れることはないという。

海坊主

<ruby>海<rt>うみ</rt></ruby><ruby>坊<rt>ぼう</rt></ruby><ruby>主<rt>ず</rt></ruby>

時代

江戸時代

出典

奇異雑談集

雨窓閑話

出現場所

全国各地

特徴

船を襲って沈める海の巨人。

穏やかだった海が急に荒れだして、海面がもりあがると、妖怪・海坊主が現れる。大きさは数十mもあり、全身がまっくろで坊主頭。漁師にはとくに恐れられている妖怪だ。

海坊主はたばこの煙がにがてだという説もあるし、見なかったふりをしてやりすごせば助かると書いてある本もある。だが、ひとことでも声を出すと、あっという間に船を沈められてしまうという。

いちばん大切な積荷を海に投げこむと見逃してもらえるともいわれている。「奇異雑談集」に、海に現れる黒い入道の記述があるが、おそらく海坊主と同じ種類の妖怪だろう。

ココに登場！ 「奇異雑談集」より

伊勢国から伊良湖岬に向かう船に、善珍という男が妻と共に乗ろうとした。当時、船に女人が乗ると竜神の怒りに触れると言われていたので、船頭は善珍が乗るのを拒んだが、善珍は強引に乗り込んでしまう。果たして船は沖で大嵐に見舞われ、竜神の怒りを解こうとした人々は船の積荷を海に投げ込んだが嵐はおさまらない。最後に善珍の妻が海に身を投げると黒い入道が現れ、妻を咥えて去っていった。嵐はその後おさまったという。

▲今も船が行きかう桑名の海

豆知識 「海法師」、「海座頭」と呼ばれることもある。桑名では月末に海に出ると、海坊主が現れやすいともいわれていた。

うわん

時代
江戸時代

出典
百怪図巻、画図百鬼夜行
東北怪談の旅

出現場所
特定不能

特徴
大きな声で人を驚かせる。

歯を黒くそめた巨大な妖怪がどなりつけてくるのが「うわん」または「ウワン」で、鬼の仲間だという。

一説によればうわんは墓を守っている妖怪で、古寺や古屋敷に住んでいる。人が通りかかると、塀の上から不気味な声で「うわん！」と叫ぶらしい。

叫ぶだけの妖怪なら、あまり怖くないかもしれないが、叫ばれた人がおどろいているすきに魂を食べてしまったり、墓にひきずりこんだりするので油断はできない。

うわんに叫ばれたときは、すかさず「うわん！」と叫びかえせば逃げていくともいわれている。うわんに叫ばれたら、ためしてみるのがいいだろう。

ココに登場！ 山田野理夫「東北怪談の旅　ウワン」より

青森県で、嘉助という男が貯金をして古い屋敷を買った。女房と一緒に移り住んだその日の夜、屋敷中にウワンという大声が響き続けて、一睡も出来なかった。翌日、近所の人々に話をしてみると、誰もそんな声を聞いた者がいないという。しかし、その話を聞いたひとりの古老は、古い屋敷にはウワンという化け物が棲むものだ、と言った。

鳥山石燕「画図百鬼夜行　うわん」国立国会図書館デジタルコレクションより▶

豆知識　むかし、熊本県ではお化けのことを「ワンワン」、鹿児島県では「ワン」と呼んでいた。うわんと何か関係があるのかもしれない。

大入道
おお　にゅう　どう

時代
じ だい

江戸時代
え ど じ だい

出典
しゅっ てん

妖怪事典
よう かい じ てん

大語園
だい ご えん

出現場所
しゅつ げん ば しょ

全国各地
ぜん こく かく ち

特徴
とく ちょう

全国に出没した巨人の妖怪。
ぜん こく しゅつ ぼつ きょ じん よう かい

「入道」というのは出家して仏道に入った僧侶をさす言葉だが、加牟波理入道（→里・p20）や輪入道（→p59）など、坊主頭の妖怪を○○入道と呼ぶことが多い。大入道も巨大な僧侶の姿をした妖怪だ。

日本全国に現れ、大きさは人間より少し大きいぐらいのものから、山のように大きなものまでさまざま。大入道ににらまれると病気になるともいわれ、人々から恐れられていた。

狸や狐、カワウソ、鼬などが化けているともいわれる大入道だが、石塔が化けたという例や、山の神の化身だったという伝承も残っており、三重県四日市市では大入道山車で有名な祭も行われている。

ココに登場！　巌谷小波「大語園　大入道」より
とう じょう　　いわ や さ ざ なみ　だい ご えん　おお にゅう どう

正徳年間の事。三河国の善右衛門という商人が夜中に烏頭村の松林を通りかかると、とつぜん旋風が起きて気分が悪くなり、地に伏した。すると松林の中から身長一丈三四尺（約4m）で仁王のような大入道が、目を光らせて歩き出してきた。あまりのおそろしさに動けずにいた善右衛門だったが、怪物がそのまま行ってしまったので、具合の悪いのを我慢して家に戻った。だが回復する事はなく、十三日目に息を引き取ったという。

▲大四日市まつり／大入道
だい よっ か いち　　おお にゅう どう
写真提供：四日市市
しゃ しん てい きょう　よっ か いち し

豆知識
まめ ち しき 三重県四日市市には、大入道の息子という設定の「こにゅうどうくん」という、ゆるキャラがいる。
み え けん よっ か いち し　　おお にゅう どう　むす こ　　せっ てい

朧車
おぼろぐるま

時代
じだい

平安時代

出典
しゅってん

今昔百鬼拾遺

出現場所
しゅつげんばしょ

京都府

特徴
とくちょう

巨大な顔を乗せた牛車の妖怪。

月が霞んでぼんやり見える朧月夜。京の都、賀茂の大通りを一台の牛車が進んでいく。ギシギシと響く車輪の音にきづいた人々が外に飛びだしてみると半透明の牛車がそこに停まっていて、中からは大きな女の顔が覗いている……。

そんなインパクトのある妖怪が朧車だ。

「源氏物語」に登場する貴族・六条御息所は、賀茂祭で牛車の場所とり争いに負け、恥をかかされた。そのときの怨念が妖怪になって賀茂の大通りを走り続けているのが朧車だといわれている。

怨念から生まれた妖怪だけに、祟る力も強いのではないだろうか。

ココに登場！ 「源氏物語　葵」より

お忍びで賀茂祭を見物にきていた六条御息所の一行だったが、同じく祭りにきていた光源氏の正妻・葵の上の一行と、牛車の場所取りで争いになってしまう。葵の上の一行の乱暴で六条御息所の牛車は壊され、多くの人の前で恥をかかされてしまった。その後、六条御息所の恨みは生霊となって葵の上にとりつき、苦しめた末に、ついには殺してしまうのだった。

▲「源氏物語絵巻」
げんじものがたりえまき
人文学オープンデータ共同利用センター所蔵
じんぶんがく　きょうどうりよう　しょぞう

豆知識　京の都には牛車の妖怪がよく出る。片輪車(→p25)、輪入道(→p59)も、牛車の妖怪だ。

傘化け

時代
江戸時代

出典
百鬼夜行絵巻

妖怪絵巻

出現場所
特定不能

特徴
一本足で跳び回る傘の妖怪。

唐傘小僧とよばれることもある。一本足で、目はひとつの場合とふたつの場合があり、舌を出していることが多い。

もともとは付喪神（→里・p38）のひとつだったが、そのなかでも傘化けは特に人気があった。今でもアニメやゲームのキャラクター、お化け屋敷などで目にすることが多い人気妖怪のひとつだ。

ただ、有名なわりには絵以外の伝承や記録はほとんどなく、怖いエピソードも伝わっていない。

いつも笑っていて、人間とも気軽に友だちになってくれそうな妖怪だから、今でも人気があるのだろう。

いろいろな姿の傘化け　　国際日本文化研究センター所蔵

▲芳盛「新板化物尽し」

▲洒落斎芳幾「滑稽倭日史記」

「大新板化物飛廻双六」

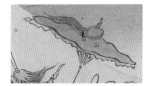

▲河鍋暁斎「暁斎百鬼画談」

「妖怪絵巻」

豆知識　「闇梅百物語」という歌舞伎の演目では、役者が傘化けに扮して出演する。

がしゃどくろ

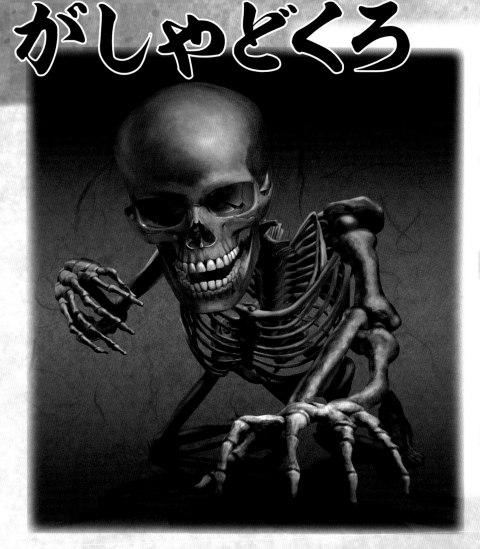

時代

昭和時代

出典

日本妖怪図鑑

出現場所

特定不能

特徴

人を襲う巨大な髑髏の妖怪。

夜中にガシャガシャ音をたてて歩きまわり、人間を見つけると握りつぶして食べてしまう巨大な骸骨……それが妖怪・がしゃどくろだ。

戦で死んだままにされた武士や、のたれ死にした旅人など、弔われなかった死者たちの骸骨が集まり、巨大な姿になったといわれている。

じつは、がしゃどくろという妖怪は昭和の中頃に生まれた新しい妖怪のようで、江戸時代の本や絵では伝承を確認することができない。

ただ、たくさんのドクロが集まって巨大なドクロになる「目競」と呼ばれる妖怪が「平家物語」に登場しており、がしゃどくろとはなにか関係がありそうだ。

ココに登場! 「平家物語 物怪之沙汰」より

福原の都でのある朝のこと。平清盛が床から出て中庭を見ると、そこには無数の骸骨が転がっていた。しかもその骸骨は右に左に、上に下にと動き回っている。清盛は大声で家人を呼んだが誰も来ない。そのうちに、無数の骸骨はひとつに固まりあって、家ほどの大きさになり清盛を睨みつけた。意を決した清盛が骸骨を睨み返すと、巨大な骸骨は、霜が日に当たったかのように消え去ってしまったという。

芳年「清盛福原に数百の人頭を見る図」 国際日本文化研究センター所蔵▶

豆知識 「平家物語」には、鉄鼠(→⛰p35)、鵺(→⛰p40)、大首(→🏘p11)などの妖怪も登場している。

片輪車
かた　わ　ぐるま

時代
江戸時代

出典
諸国百物語
諸国里人談

出現場所

京都府
滋賀県

特徴
片輪の牛車に乗り、見た者を祟る。

夜、車輪が片方だけの炎に包まれた牛車が走りまわる。そこに女性が乗っていたとしたら、それは妖怪・片輪車にちがいない。

その姿をみてしまったり、うわさ話をしただけでも祟られるといわれ、片輪車を恐れた村人たちは扉をとざして夜をすごしたと伝えられている。

片輪車は、窓のすきまなどからこっそり見ている者もみのがさず、目のまえに走ってくると、「我を見るより、我が子を見よ」と叫ぶらしい。

このセリフは妖怪・輪入道（→p59）と同じで、片輪車と輪入道は、もともと同じ妖怪だったという説もあるようだ。

ココに登場！「諸国里人談」より

昔、近江国甲賀郡の村で、妖怪・片輪車が走り回っていた。これを見るだけでも祟られたという。あるとき、物好きな女が戸の隙間から外を見ていると、片輪車が走ってきて、「我を見るより、我が子を見よ」と告げた。女が慌てて家の中を見ると子どもが消えている。嘆き悲しんだ女は「罪科は我にこそあれ小車のやるかたわかぬ子をばかくしそ」と歌を詠み、戸に貼っておいた。それを見た片輪車は親の気持ちに免じて子どもを返してくれたという。

▲「諸国里人談」
国立国会図書館デジタルコレクションより

豆知識　女の人が詠んだ歌は「罪は私にあるのです。なのになぜ片輪車よ、私のこどもを隠してしまったのですか」という意味。

河童

豆知識　河童は地方によりいろいろな呼び名があり、北海道で「ミンツチ」、東北で「メドチ」、関東で「カワッパ」、中部で「カワランベ」、

時代
江戸時代

出典
画図百鬼夜行、遠野物語

出現場所
日本全国

特徴
小学生ぐらいの大きさで、頭に皿、手足には水かきがある。鉄、鹿の角、猿が苦手。

水辺の妖怪の代表といえば河童だ。川童とも書く。もとは水の神だったという説や、中国から伝わってきた妖怪だという説がある。

相撲をとるのが大好きな河童だが、頭の皿が乾くととたんに弱くなる。相撲をとる前におじぎをすれば、つられておじぎをした河童の皿の水がこぼれ、こどもでも簡単に勝てるそうだ。

そんな河童の大好物は「キュウリ」と「尻子玉」。尻子玉というのは人の尻の中にあると思われていた内臓で、泳いでいる人から尻子玉を抜いて殺してしまうという話もある。川で遊ぶときは注意したほうがいいだろう。

そんな怖いところもある河童だが、川に橋をかける手伝いをしたり薬の作りかたを教えてくれる親切な河童もいる。東京都台東区の合羽橋のように地名に残っていたり、神社などで祀られる河童もいるように、人々の生活にとけこんだ妖怪だったようだ。

江戸時代の浮世絵にも多く描かれていた河童は今も全国で、マスコットキャラクターなどになっている。キミのまわりでも、けっこう多くの河童が活躍しているかもしれない。

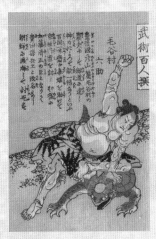

▲錦朝樓芳虎「武術百勇選 河童」
国際日本文化研究センター所蔵

ココに登場！ 柳田国男「遠野物語」より

昔、遠野の小鳥瀬川近くに、新屋の家という家があった。ある日、家の子が淵で馬を冷したまま遊びに行ってしまった。その隙に川童が馬を水に引き込もうとしたが、逆に馬に引きずられて厩まで来てしまい、馬槽に隠れた。家人が伏せられている馬槽を怪しく思い、のぞいてみると川童の手が出てきた。村中のものが集まってきて殺してしまおうか許そうかと相談したが、村の馬に悪戯をしないという約束をさせて川童を逃がしてやることになった。川童はその後悪戯をすることもなく、今は村を去って相沢の滝の淵に住んでいるという。

▲岩手県遠野市に残るカッパ淵

髪切り

時代
江戸時代

出典
諸国里人談

百怪図巻

出現場所

東京都

三重県

特徴
人の髪を切り落とす妖怪。

　どこからともなく現れて、歩いている人の髪を切りおとしてしまう妖怪が髪切りだ。切られた人は、だれかに教えてもらうまで自分の髪がなくなったことに気づかないという。髪は切られたままのかたちで道に落ちていたそうだ。

　髪切りの正体については、狐が化けているという説や、「髪切り虫」という想像上の虫のしわざだという説、髪の抜ける病気だという説などがある。

　伊勢松阪や江戸で女性が髪を切りおとされる事件が続き、かつら屋が犯人として捕まったり、修験者たちが自作自演を疑われたりして、大騒ぎになったという記録が残っている。

ココに登場！ 菊岡沾凉「諸国里人談」より

　元禄の初め、夜中に行き来する人の髪が切られる事件が各地で頻繁に起こった。事件は特に伊勢の松阪で多かったが、江戸でも紺屋町の金物屋の下女が切られている。この下女は夜に買い物に出て、髪を切られたことをまったく気づかずに帰ってきた。人々が髪のないことを教えると、驚いて気を失ってしまった。道には結ったままの形で切られた髷が落ちていたという。

北斎季親「髪切」国際日本文化研究センター所蔵 ▲

豆知識　明治時代にも東京都本郷で奉公人の女性が髪切りの被害にあった事件が、新聞で報じられている。

川赤子

時代
江戸時代

出典
今昔画図続百鬼
岩邑怪談録

出現場所
山口県

特徴
近づく人を川に落とす赤子の妖怪。

　川の近くを通ると、赤ん坊の泣き声が聞こえてくる。かわいそうに思った人が近づくと、泣き声が別の方向からも聞こえてきて、助けようとした人は足をすくわれ、水の中に落ちてしまう。その姿を見て、川赤子は笑うのだそうだ。

　おぼれて死んでしまった赤ん坊の霊が妖怪になったともいわれている。

　ちなみに東北では「山赤児」という妖怪が山で泣き声をあげるらしい。また岩国に伝わる、川から引き上げられた赤ん坊なども同じ種類の妖怪と思われる。山も川も油断はできないようだ。

ココに登場！ 広瀬喜尚「岩邑怪談録」より

　御庄の鼻紙というところにあった淵では魚がよく釣れていた。ある者が夕食後に淵で釣りをしていると、持つ人のいない提灯だけが道の向こうを通り過ぎて消えてゆく。次には袈裟を着た僧侶が歩いてきたがこれも消えてしまった。気の強い男はそのまま釣りを続け、大物が竿にかかった。引き上げてみると二才ぐらいの赤ん坊がかかっていて、男の膝に這い上がってきてから消えてしまったそうだ。

▲川赤子の伝承が残る岩国市楠町の井せき

豆知識　釣りで餌にするイトミミズを「赤子」と呼んでいた。川赤子と何か関係があるのかもしれない。

川姫
かわ　ひめ

川に出る妖怪

時代
じだい
特定不能
とくていふのう

出典
しゅってん
土佐の伝説
とさでんせつ

出現場所
しゅつげんばしょ
高知県
こうちけん
福岡県
ふくおかけん
大分県
おおいたけん

特徴
とくちょう
みとれた者の魂を吸いとる。
もの　　たましい　す

水辺に現れる妖怪・川姫。水車小屋で若者が集まって話をしていると、いつのまにか水車のかげに美しい娘が立っている……。うっかりかわいい、などと思った瞬間、魂を抜かれてしまうそうだ。

川姫がいることに気づいたときには、若者たちと一緒にいる年寄りがあいずをし、全員下をむいて息

を殺していたそうだ。きれいな顔が見られないのは残念だが、身を守るためには仕方なかったろう。

川姫は身軽で、水面を歩いたり、川から橋の上までひらりと飛びあがったりするといわれている。美しいだけでなく、運動神経もいい妖怪のようだ。川姫から逃げるのは大変だったかもしれない。

 ## ココに登場！ 桂井和雄「土佐の伝説」より
かつらいかずお　とさでんせつ

橋原町の白王神社のそばに谷があった。四万十川集落の弘瀬某が通りかかると見知らぬ美しい娘が糸を巻きとっている。怪しく思った某が刀を抜いて糸枠を斬ったが、娘は笑いながら淵に消えてしまった。某が友人にこの話をすると「糸を切った刀は斬れ味が落ちる。この刀を使え」と家の刀を貸してくれた。帰り道、某が淵にさしかかると先ほどの娘が「糸を切った刀では斬れぬぞ」と笑ったが、借りた刀を使って退治することができた。この娘が川姫だったという。

川姫の伝承が残る橋原川（高知県）▲
かわひめ　でんしょう　のこ　ゆすはらがわ　こうちけん

 豆知識 青森県には「川女」という妖怪がいる。川女にとりつかれると家中の食べ物を食べ尽くして、最後には気が狂うといわれている。
まめちしき　あおもりけん　かわおんな　ようかい　　かわおんな　　　　いえじゅう　た　もの　た　つ　　　　さいご　　き　くる

30

子泣き爺

時代
特定不能

出典
日本怪異妖怪大事典

出現場所
青森県
徳島県
高知県

特徴
抱くと重くなり押しつぶされる。

　ぬりかべ(→p44)や砂かけ婆(→p34)、一反木綿(→山・p9)とならんで漫画やアニメでよくみる妖怪・子泣き爺。江戸時代までの絵や本には出てこない。意外に新しい妖怪なのかもしれない。

　山のなかや夜道で赤ん坊のような声をあげて泣く子泣き爺。かわいそうに思って抱きあげると、体重がどんどん重くなり、離そうとしてもしがみついて離れない。最後には抱いた人を押しつぶしてしまうといわれている。

　徳島県で子泣き爺に似た怪異が伝えられ、発祥の地とされているほか、東北地方には、「児泣き婆」の伝承がのこされている。

ココに登場！ 山田野理夫「東北怪談の旅　児泣き婆」より

　津軽の山で男が老人に会った。家に泊めてもらう事になり一緒に歩いていくと赤児の泣き声がする。老人が道端から赤児を拾い上げるとまた別の泣き声がして、男が泣いている赤児の顔を見ると老婆であった。拾い上げようとしても重くてびくともしなかったが、老人は赤児を全て拾って帰り、鍋で煮てしまった。男は驚いたが、鍋から出てきたのはカボチャだった。老人に聞くと、あれは児泣き婆というのだと言った。

近年、児啼爺発祥の地とされた徳島県三好市の山道▲

豆知識 児啼爺、とも書き、「おばりよん」や「ごぎゃ泣き」という妖怪が似ているといわれている。

栄螺鬼
さざえおに

時代
じだい

江戸時代
えどじだい

出典
しゅってん

百器徒然袋、百鬼夜行絵巻
ひゃっきつれづれぶくろ　ひゃっきやこうえまき

江戸諸国百物語
えどしょこくひゃくものがたり

出現場所
しゅつげんばしょ

特定不能
とくていふのう

特徴
とくちょう

30年生きたサザエが化ける。
ねんい

栄螺のような頭に、鬼の腕。長い年月を生きた栄螺が妖怪になったという栄螺鬼は、ずいぶん不思議な形をしている。

中国の五経のひとつである「礼記」に、「雀は海に入って蛤になり、モグラは鶉に化ける」と書かれている。天地のなりたちは不思議だという意味のようだが、「それなら栄螺が鬼になってもおかしくない」と、絵師が考えだした妖怪が栄螺鬼なのだそうだ。

普段はおとなしい性格で、海の中で暮らしている栄螺鬼だが、明るい月夜には人の命を奪いに陸にあがってくるらしい。海辺の人たちは気をつけたほうがいいだろう。

ココに登場！ 「江戸諸国百物語　栄螺鬼」より

普段、海中で静かに暮らしている栄螺鬼だが、明るい月の晩には海の上に浮かんで踊り始める。その踊りは妖艶なものと言われている。踊り終わると陸に上がって女の人に化け、「一晩泊めてください……」と、民家を訪ねてまわるそうだ。無視すれば害はないが、うっかり栄螺鬼を泊めてしまうと夜中にその家の主人は寝首を掻かれて殺されてしまうという。

「礼記」国立国会図書館デジタルコレクションより▶
らいき　こくりつこっかいとしょかん

豆知識　「百鬼夜行絵巻」の中には、蛤のこどもの妖怪の手を引く栄螺鬼がかわいく描かれているものがある。
まめちしき　ひゃっきやこうえまき　なか　はまぐり　ようかい　て　ひ　さざえおに　えが

水虎
<small>すい こ</small>

時代
<small>じ だい</small>

安土桃山時代
<small>あ づち もも やま じ だい</small>

出典
<small>しゅっ てん</small>

本草綱目、今昔画図続百鬼
<small>ほん ぞう こう もく こん じゃく が ず ぞく ひゃっき</small>

江戸諸国百物語
<small>え ど しょ こく ひゃく もの がたり</small>

出現場所
<small>しゅつ げん ば しょ</small>

全国各地
<small>ぜん こく かく ち</small>

特徴
<small>とく ちょう</small>

河童によく似た川の妖怪。
<small>かっ ぱ に かわ よう かい</small>

　水虎は中国から伝わってきた妖怪で、河童（→p26）によく似ている。津軽地方では河童のことを「水虎様」と呼んでいたり、江戸時代に売られていた「水虎十弐品之圖」には河童が描かれているなど、同じ妖怪だと思われることもあったようだ。

　水虎は河童より大きく、頭には皿がない。全身、矢もささらないほどかたいウロコにおおわれている。ふだんは虎のツメに似たかたちの膝頭だけを水面からだして、水のなかにもぐっているという。

　水虎をつかまえて鼻をつまむことができれば、使い走りをさせることができるらしい。ただ、水虎をつかまえるのは簡単ではなさそうだ。

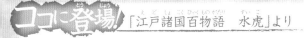ココに登場！ 「江戸諸国百物語　水虎」より

　対馬国には水虎が住んでおり、年に何度か人を海中に引きずり込んで生き血を吸い尽くしていた。水虎は殺した人の亡骸を水面に浮かべて眺める習性があるが、その亡骸を埋葬してはいけない。亡骸をそのまま板に乗せ、草庵を作って放置すると、水虎は亡骸に手が出せない。亡骸が腐っていくのを見て泣き悲しみながら、水虎の体も腐っていくという。このとき水虎を捕まえるのが、水虎を退治する唯一の方法とされている。

▲「水虎十弐品之圖」国立国会図書館
<small>すい こ じゅう に ひん の ず こく りつ こっ かい と しょ かん</small>

デジタルコレクションより

豆知識　水虎は中国の「本草綱目」という古書に登場する妖怪。日本では河童と混同されることが多い。
<small>まめ ち しき すい こ ちゅうごく ほん ぞう こう もく こ しょ とうじょう よう かい に ほん かっ ぱ こん どう おお</small>

砂かけ婆

時代

特定不能

出典

47都道府県・妖怪伝承百科

日本怪異妖怪大事典

出現場所

奈良県

兵庫県

滋賀県

特徴

砂が降ってくるが姿は見えない。

奈良県や兵庫県、滋賀県に伝わる砂かけ婆は、姿が見えない妖怪だという。人気のないさびしい森や、神社の横を通りすぎようとするとパラパラと砂が降ってくる。

砂が降る音がするだけで実際には何も降ってこないという人もいる。しかし砂かけ婆を描いた絵は残っておらず、どんな姿をしているのか、どんな能力があるのかはよくわかっていない。

知名度はかなり高いが、意外に謎の多い妖怪・砂かけ婆。狸や鼬が化けているという説もあるが、そもそも姿のない妖怪なのかもしれない。

ココに登場！ 丸善書房「47都道府県・妖怪伝承百科」より

砂かけ婆は頭上から砂をかける妖怪。柳田国男の「妖怪名彙」で奈良県の事例として取り上げられたため、奈良県の妖怪とされることが多いが、実際は大阪・兵庫の摂津地方で良く聞かれる怪である。「婆」といいながら老婆の姿をしているという伝承はなく、狸の仕業と語るところが多いようである。但東町平田の峠では「峠の砂まき」と呼ばれていた。

奇祭・砂かけ祭りの伝統が残る廣瀬大社(奈良県)▲

豆知識 徳島県板野郡では砂ふらし、新潟県大面村では砂撒き鼬という怪異が伝わっている。

すねこすり

時代
特定不能

出典
現行全国妖怪辞典
奄美怪異談抄

出現場所
岡山県

特徴
人の足の間を通りぬける妖怪。

雨の降る夜に街道を歩いていると、何かが足の間をこすっていき、歩きにくくなる。それは妖怪・すねこすりのしわざかもしれない。

すねこすりは岡山県にでた妖怪で、犬のようなかたちをしているらしい。すねっころがしと呼ぶ地方もあり、人を転ばせたりするていどで、それほど凶暴な妖怪ではなさそうだ。

鹿児島県奄美大島では足の間をくぐっていく妖怪として、片耳豚や耳無豚の伝承が残っている。片耳豚に股をくぐられると、魂を抜かれて死んでしまうらしい。こちらはずいぶん怖い妖怪だといえるだろう。

ココに登場！ 「奄美怪異談抄」より

名瀬の税務署があった付近（今の奄美市役所付近）に片耳豚という妖怪が出る。片耳のない子豚の姿をしていて、ウサギのように飛びはね、捕まえることができない。光を当てても影ができず、クレゾールのような強い悪臭がするという。片耳豚に股の下をくぐられると魂を抜かれて死んでしまうが、もし出会ってしまったら、両脚を交差させて避けるとよい。この妖怪は女性の一人歩き、あるいは二人連れの前によく現れたという。

現在の奄美市役所付近▶

豆知識　沖縄には「マジムン」という悪霊の話もある。鳥や牛、しゃもじなどの形をしていて、股をくぐられた人は死ぬという。

狸
たぬき

新潟県の「佐渡団三郎狸」、兵庫県の「淡路芝右衛門狸」、香川県の「屋島太三郎狸」を「日本三名狸」といい、信仰の対象にも

豆知識　新潟県の「佐渡団三郎狸」、兵庫県の「淡路芝右衛門狸」、香川県の「屋島太三郎狸」を「日本三名狸」といい、信仰の対象にも

時代

奈良時代

出典

日本書紀、宇治拾遺物語、古今著聞集
群馬県の民話

出現場所

北海道、沖縄県をのぞく
日本全国

特徴

人間やほかの妖怪に化け、人を驚かせるのが大好きな妖怪。

狐と並び、化けるのが得意な妖怪の代表が狸だ。「日本書紀」にも、人に化けて歌を詠むと書かれている。むかし話にもたびたび登場し、日本人には古くからおなじみの妖怪だといえる。

▲鳥山石燕「画図百鬼夜行 狸」
国立国会図書館デジタルコレクションより

「狐七化け狸八化け」という言葉があり、狐よりも狸のほうが人を化かすのがうまいといわれていた。

だが狸の化かしかたには、どこかぬけているところがあって最後には、失敗することが多い。化けて人に祟ったりする狐とちがい、狸は人を化かしてよろこんでいるだけのようだ。タヌキオヤジという言葉もあるが、ちょっと憎めないかんじの妖怪なのではないだろうか。

狸が太鼓をたたいて騒いでいる音を「狸囃子」、太鼓の代わりに大きなおなかをたたいて歌っているのを「狸の腹鼓」といい、講談や民謡にも登場している。

化けるのが得意な狸は、よく他の妖怪にも化ける。なかでも一つ目小僧や三つ目小僧、大入道に化けるのが得意だったらしい。一つ目小僧に会ったと思っていたら、正体は狸だった…なんていうこともけっこう多かったかもしれない。

ココに登場！ 日本児童文学者協会「群馬県の民話 分福茶がま」より

群馬の茂林寺には守鶴という旅の和尚がおいていったふしぎな茶がまがあった。その茶がまはいくらくんでもお湯がとぎれないのだ。だがある夜のこと、茶がまからタヌキの顔やしっぽ、足がはえておどっているのを見た住職は気味が悪くなり、道具屋をよんで茶がまを売ってしまった。その後、茶がまは道具屋の間を転々としたが、やがて道具屋たちは見世物小屋でタヌキに化けておどる茶がまを披露することを思いつき、大もうけすることができた。よくおどった茶がまは、いつか眠ったように動かなくなり、茂林寺に戻されたという。茶がまは今も寺の宝物として大切にされているそうだ。

▲茂林寺 守鶴堂（群馬県館林市）

なっている。三名狸に限らず、民話に登場するどの狸も個性的な言い伝えが残っているので、機会があれば調べてみよう。

手の目
(て)(め)

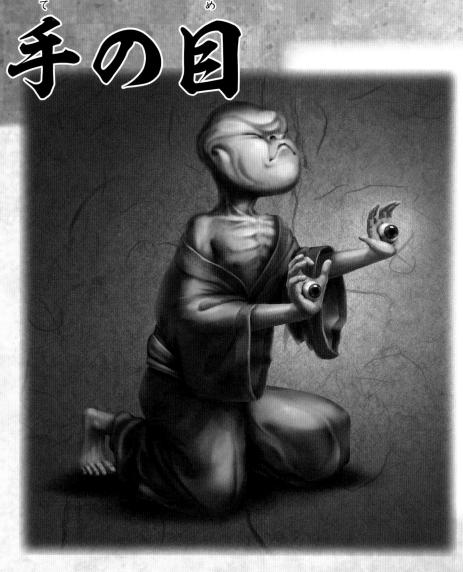

時代
(じ)(だい)
江戸時代
(え)(ど)(じ)(だい)

出典
(しゅっ)(てん)
画図百鬼夜行
(が)(ず)(ひゃっ)(き)(や)(こう)
諸国百物語
(しょ)(こく)(ひゃく)(もの)(がたり)

出現場所
(しゅつ)(げん)(ば)(しょ)
特定不能
(とく)(てい)(ふ)(のう)

特徴
(とく)(ちょう)
手のひらに目玉がある。
(め)(だま)

　目を閉じた老人の姿をした妖怪で、手のひらに大きな目玉がついている。手目坊主ともいわれ江戸時代の浮世絵に描かれているが、どんな妖怪なのかはよくわかっていない。

　「諸国百物語」という本に「ばけ物に骨をぬかれし人の事」という話があり、これが妖怪・手の目の話だともいわれている。道を歩いてきた老人の手のひらに目があったらたしかに怖いかもしれない。

　ところでむかし、中国には目の部分から手が生えて、その手のひらに目がついている「楊任」という仙人がいたそうだ。妖怪・手の目と仙人・楊任……どちらの見た目がより怖いだろうか。

ココに登場！「諸国百物語　ばけ物に骨をぬかれし人の事」より

　ある男が七条河原の墓場に肝試しに行くと、八十才ぐらいの老人に襲われた。その老人の手のひらには目玉がついていた。驚いた男は近くの寺に逃げ込み、僧に頼んで長持ち（衣装を入れておく大きな箱）の中に隠れた。だが化け物は長持ちのそばまで追いかけてきて、犬が骨をしゃぶるような音をたてていた。化け物が消えた後、僧が長持ちを開けてみると骨を抜き取られて皮だけになった男の死体が残っていたという。

鳥山石燕「画図百鬼夜行　手の目」国立国会図書館デジタルコレクションより▶
(とりやませきえん)(が ず ひゃっき や こう)(て)(め)(こくりつこっかいとしょかん)

豆知識　岩手県に現れた手の目は、目が見えないために殺されてしまった盲人の恨みが妖怪になったといわれている。
(まめ ち しき)(いわて けん)(あらわ)(て)(め)(め)(み)(ころ)(もう じん)(うら)(よう かい)

豆腐小僧

時代

江戸時代

出典

妖怪仕内評判記

狂歌百物語

出現場所

特定不能

特徴

雨の日に豆腐を持ち歩く。

アニメ映画の主役になったこともある妖怪・豆腐小僧は、おぼんに紅葉豆腐をのせてもち歩き、あたまには笠をかぶっている。何か特別な力があるわけでもなく、人間にも相手にされない……。気がよわく、おひとよしな妖怪だったのかもしれない。

豆腐小僧は江戸時代の黄表紙……今でいう漫画や絵本のような書物に登場していた人気者だった。ゆるキャラのような存在だったのだろう。

豆腐小僧の豆腐をたべると体中にカビが生えるという特徴が、昭和時代に加わったようだ。

コラム

黄表紙

江戸時代に人気だった本の呼び名。表紙の色で、赤本、黒本、青本などに分けられ、黄表紙は大人向けで、風刺や洒落をテーマにしていた。豆腐小僧が最初に登場するのは黄表紙「妖怪仕内評判記」。この本に登場する豆腐小僧は大人の顔をしている。

▲「妖怪仕内評判記」国立国会図書館デジタルコレクションより

豆知識 江戸の人たちに人気のあった黄表紙だが、幕府の改革をネタにするなどして、発行禁止になることもあった。

百々目鬼
どどめき

時代
じだい

江戸時代
えどじだい

出典
しゅってん

今昔画図続百鬼
こんじゃくがずぞくひゃっき

宇都宮市政六十年史
うつのみやしせいろくじゅうねんし

出現場所
しゅつげんばしょ

特定不能
とくていふのう

特徴
とくちょう

腕に百の目が並ぶ女の妖怪。
うで　ひゃく　め　なら　おんな　ようかい

百々目鬼はうでにぎっしりと目がついている女の妖怪だ。ある、手の長い女が他人の銭をいつも盗んでいた。その盗んだ銭が手に貼りつき目玉になったといわれている。

たしかに、六文銭などむかしの小銭は四角い穴があいていたので、目玉のようにみえないこともない。

百々目鬼は絵師・鳥山石燕が「今昔画図続百鬼」で描いた妖怪だが、どんな妖怪だったのかはよくわからない。ただ、名前のよく似た「百目鬼」という妖怪がおり、百目鬼も百個の目があったといわれている。百目鬼と百々目鬼、何か関係があったのかもしれない。

ココに登場！ 「宇都宮市政六十年史」より
うつのみやしせいろくじゅうねんし

下野国の役人・俵藤太が狩りに行った帰り道、白髪の老人が現れて「この北西の兎田という馬捨て場で待たれよ」と言って消えてしまった。藤太が兎田で待っていると、両手に百の目を光らせた鬼が現れ、馬の死体を食べ始めた。藤太が鬼の胸を射貫くと鬼は体中から炎を噴き、苦しんで大暴れをした。そこに本願寺の智徳上人がきて、鬼の頭を打つと鬼は人の形になり、百の目も消えていたという。以来、その場所を百目鬼と呼ぶ。

▲宇都宮二荒山神社の裏手には
うつのみやふたあらさんじんじゃ　うらて
百目鬼通りとしてその地名が残っている
どうめきどお　　　　　　　　　ちめい　のこ

豆知識　俵藤太（藤原秀郷）は妖怪・大百足（→⛰・p12）なども退治している、平安時代の有名な武将。
まめちしき　たわらのとうた　ふじわらひでさと　ようかい　おおむかで　　　　　たいじ　　　　　　へいあんじだい　ゆうめい　ぶしょう

共潜
とも　かづき

時代
じ　だい
特定不能
とく　てい　ふ　のう

出典
しゅっ　てん
妖怪お化け雑学事典
よう　かい　　　　　ばけ　ざつ　がく　じ　てん

出現場所
しゅつ　げん　ば　しょ

三重県
み　え　けん

特徴
とく　ちょう

海の底で待つ自分そっくりな海女。
うみ　そこ　ま　じぶん　　　　　　　　　あま

　共潜は三重県志摩地方に伝わる海の妖怪。「潜き」
とも　かづき　み　え　けん　しま　ち　ほう　つた　　うみ　よう　かい　　　　かづ
というのは海女たちが海に潜って魚や貝をとること
　　　　　　　あま　　　　　うみ　もぐ　　　さかな　かい
をいう、古い言葉だ。
　　　　　ふる　こと　ば

　くもった日に海女がひとりで漁をしていると、海の
　　　　　　ひ　あま　　　　　　　りょう　　　　　　　　　うみ
底に自分そっくりな海女が待っていて、にっこりと笑
そこ　じぶん　　　　　　　　あま　　ま　　　　　　　　　　　　　　わら
いながらアワビをさしだしてくる。

　その正体は妖怪・共潜で、さしだされたアワビを
　　　しょうたい　よう　かい　とも　かづき
受けとると海にひきずりこまれて死んでしまうとい
う　　　　　うみ　　　　　　　　　　　　　　し
われていた。
　共潜を見わける方法は、頭にまいた鉢巻き。ほか
　とも　かづき　み　　　　　ほう　ほう　　あたま　　　　　　はち　まき
の海女とちがって片方が長くのびていたら、それは
　あま　　　　　　　　かた　ほう　なが
妖怪・共潜の特徴だから注意が必要だ。
よう　かい　とも　かづき　とく　ちょう　　　　ちゅう　い　ひつ　よう

ココに登場！
とう　じょう
千葉幹夫「妖怪お化け雑学事典」より
ち　ば　みき　お　よう　かい　　　　ばけ　ざつ　がく　じ　てん

　志摩地方の海女は共潜に会わないよう、星や格子模様の魔除けを描いた鉢巻きや、道
　しま　ち　ほう　あま　とも　かづき　あ　　　　　　　　ほし　こう　し　も　よう　ま　よ　　　えが　　　はち　まき　　　　どう
具を身につけて海に潜る。海女たちは共潜を大変恐れていたので、共潜が出たという話を
ぐ　み　　　　　　うみ　もぐ　　あま　　　　　とも　かづき　たい　へん　おそ　　　　　　　　とも　かづき　で　　　　　　　はなし
聞いただけで、近くの村の海女までもが数日間、海に出ずに「日待ち」をした。また、実際に
き　　　　　　　　　ちか　　　　むら　あま　　　　　　　すう　じつ　かん　うみ　で　　　　ひ　ま　　　　　　　　　　　　じっ　さい
共潜に会ってしまった海女は、その後海に入ることはなかったという。
とも　かづき　あ　　　　　　　　　あま　　　　　　　ご　うみ　はい

▲魔除けが刻まれた海女の石いかり
ま　よ　　　きざ　　　　　あま　　　いし

豆知識　星形の魔除けは「セーマンドーマン」と呼ばれ、陰陽師・安倍晴明が起源だといわれている。
まめ　ち　しき　ほし　がた　ま　よ　　　　　　　　　　　　　　　よ　　　　おんみょうじ　あ　べ　せい　めい　き　げん

人魚

豆知識　マーメイドとして世界中に知られる人魚は、ドイツのライン川に残る「ローレライの伝説」や、ギリシャ神話に描かれている

時代
鎌倉時代

出現場所
日本全国

出典
日本書紀、古今著聞集、和漢三才図会
若狭・越前の伝説

特徴
頭が人間、身体が魚の海の妖怪。その肉や血を口にすると不老不死になる。

上半身が美しい女性で下半身が魚の格好をしている伝説の生き物・人魚。日本にも人魚の伝承が残っているが、海外の人魚とちがい恐ろしい姿をしていたようだ。

記録によれば、大きさが11mもあったり、頭にツノやトサカがあったとされ、体の側面に目が描かれた絵も残っている。

そんな日本の人魚には、海外の人魚にはあまり見られない特徴がある。それは「不老不死」の力。人魚の肉を食べた

▲デンマークの人魚像

り、生き血を飲んだりした人間は歳をとらなくなり、死なない体になるというものだ。ちなみに、人魚を殺してしまったり、食べてしまった話があるのだから、人魚そのものは不死ではないようだ。

人魚を殺して海に捨てた村は、大地震がおこって地面に飲みこまれてしまったといわれている。人魚の恨みは深そうだ。

ところで江戸時代には人魚のミイラをつくるのが流行し、ヨーロッパなどにも輸出されていたらしい。ほとんどが猿や魚の剥製をつなぎあわせたにせものだったようだが、中には本物もまざっていたかもしれない。今も全国各地の寺院などで人魚のミイラが伝わっている。

ココに登場！ 駒敏郎・花岡大学「若狭・越前の伝説」より

小浜の町に高橋の長者と呼ばれる大網元がいた。あるとき不思議な島でもらって帰った人魚の肉を、長者の娘がうっかり食べ、歳をとらなくなった。娘は何度も結婚するが、ずっと若いままで、家族も村人も先に年老いて死んでいく。ひとりぼっちになってしまった娘は尼になって諸国を巡り、壊れたお堂や社寺を修復し、橋を架け、木を植えるなど、神仏に仕えて八百年も生きた。八百比丘尼と呼ばれるようになった娘は最後に小浜に戻り、空印寺の洞窟に身を隠して果てたという。八百比丘尼が洞窟の入リ口に植えた椿は今も枯れることなく、毎年きれいな花を咲かせているそうだ。

八百比丘尼が籠もったとされる空印寺の洞窟(福井県)▲

「セイレーン」の物語など、世界各地で伝説が多く残っている。日本でも「日本書紀」などに人魚のことが書かれている。

ぬりかべ

時代
江戸時代

出典
化物づくし絵巻
江戸諸国百物語

出現場所
福岡県
大分県

特徴
見えない壁が道をふさぐ。

夜道を歩いていると、突然目の前に見えない壁ができてすすめなくなる。壁は左右どこまでもひろがり、押してもけとばしてもびくともしない。

それは妖怪・ぬりかべ（塗壁）のしわざだ。アニメなどではコテをもったひらたい姿で登場するが、最近、江戸時代に描かれたぬりかべの絵が発見され

た。壁というよりは動物のかたちをしており、狸が化けているという説もある。

ぬりかべが出たらあわてないことだ。近くに落ちている棒をひろって壁の足下をはらうとスッと消えてしまうといわれている。お歯黒をしたり、着物の帯を前で結ぶのも効果があるという。

ココに登場！ 「江戸諸国百物語　塗壁」より

昔、筑前国遠賀郡にしばしば塗壁が出た。遠回りをして避けようとしても、壁をどんどん拡げてしまうため、人間はそれ以上先に進めなくなってしまう。だが、塗壁は去る者を追わないので、危害を加えられることはない。日を改めれば無事進むことができるが、棒で塗壁の足下をつついてやれば塗壁はすっと消える。旅先で疲れているときなどに出現することが多い。人間を良く観察し、出る時期を図るのが上手いと言われている。

▲今も残る旧遠賀郡の山道（福岡県）

  豆知識　ぬりかべの伝承が残る九州には似た妖怪も多い。熊本県では「壁塗り」、長崎県では「塗坊」という妖怪の話が伝わっている。

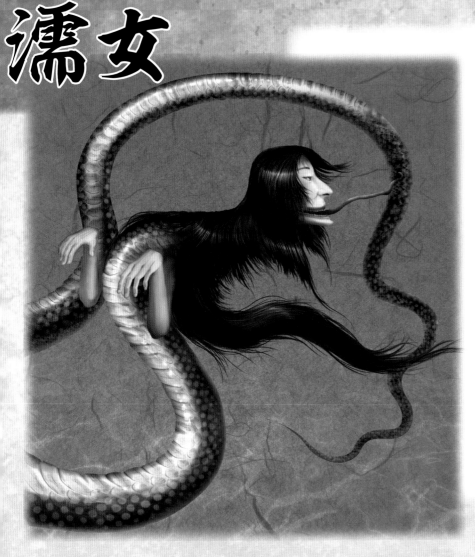

濡女
ぬれ　おんな

時代
じだい

江戸時代
えどじだい

出典
しゅってん

百怪図巻、画図百鬼夜行
ひゃっかいずかん　がずひゃっきやこう

東北怪談の旅
とうほくかいだん　たび

出現場所
しゅつげんばしょ

新潟県
にいがたけん

福島県
ふくしまけん

島根県
しまねけん

特徴
とくちょう

頭が人間で身体が蛇。人を襲う。
あたま　にんげん　からだ　へび　ひと　おそ

　髪がいつも濡れているので、濡女と呼ばれている。人を襲って喰うといわれており、恐ろしい姿で知られているが人間に化けるのも得意らしい。

　海辺で、抱いている赤ん坊をあずかってほしいといってくる女性がいたら、その正体は濡女かもしれない。濡女の頼みを断ると、本性をあらわして海に引きずりこまれてしまうという。だが赤ん坊を受けとってしまうと、その子はどんどん重くなって動けなくなり、そのすきに海からでてきた牛鬼（→14p）にツノで突き殺されてしまうとも伝えられている。

　濡女に出会ってしまったら助かる可能性は、ほとんどないということだ。

ココに登場！ 山田野理夫「東北怪談の旅　濡女」より
とうじょう　やまだのりお　とうほくかいだん　たび　ぬれおんな

　越後の三国川で若者たちが船に乗っていると、川で髪を洗っている女が見えた。ここには人家はない。あれは濡女だ。若者たちは慌てて船の向きを変えたが、濡女が「ヒュウ」と妙な声を出してこちらを睨むと船は停まってしまった。濡女は三町（約330m）もある長い尻尾を船に巻き付けると、そのまま川をのぼっていった。若者たちの食いちぎられた首が流れてきたのはその数日後のことである。

▲現在の三国川（新潟県）
げんざい　さぐりがわ　にいがたけん

豆知識 長崎県の「磯女」、鹿児島県の「磯姫」、石川県の「浜姫」など、濡女に似た妖怪は全国で伝わっている。
まめちしき　ながさきけん　いそおんな　かごしまけん　いそひめ　いしかわけん　はまひめ　ぬれおんな　に　ようかい　ぜんこく　つた

化鯨
ばけ くじら

時代
じだい
江戸時代
えどじだい

出典
しゅってん
江戸諸国百物語
えどしょこくひゃくものがたり

出現場所
しゅつげんばしょ
島根県
しまねけん

特徴
とくちょう
死んだ鯨の怨念が妖怪に……。
し くじら おんねん ようかい

骨鯨ともよばれる海の妖怪・化鯨。全身、骨だけの姿をしていて、たくさんの怪鳥や怪魚たちといっしょに出現するという。……なかなかホラーな演出が好きな妖怪のようだ。

骨だけなので銛を打ちこんでもすりぬけてしまう。潮が引けばいつのまにかいなくなるので、そっとしておくのがいいかもしれない。

隠岐の海には鯨に関係する伝承が多いが、明和元年(1764年)には、鯨が知夫湾に流れ着いた直後に大火事や疫病がつづいたという。島の人々はこれを鯨の祟りだと恐れて踊りを奉納し、鯨の霊をなぐさめたと伝えられている。

ココに登場！ 「江戸諸国百物語 化け鯨」より
えどしょこくひゃくものがたり ばけくじら

隠岐周辺には昔から鯨にまつわる伝説が多い。化鯨もそのひとつで、夜になると怪鳥や怪魚の群れと一緒に現れると言われていた。ある晩、漁師が海に出ると大きな魚が目についた。鯨だと思った漁師が銛を打ち込んだが、手応えがない。よく見るとそれは骨だけの鯨・化鯨だったという。

▲シロナガスクジラの骨格標本
こっかくひょうほん

豆知識 鯨の霊を鎮めるために人々が奉納した踊りが、島根県隠岐郡の天佐志比古命神社に「奉納歌舞伎」として今も残っている。
まめちしき くじら れい しず ひとびと ほうのう おど しまねけんおきぐん あまさしひこみことじんじゃ ほうのうかぶき いま のこ

橋姫
はしひめ

時代
じだい

平安時代

出典
しゅってん

古今和歌集、源平盛衰記、
今昔画図続百鬼

出現場所
しゅつげんばしょ

京都府
きょうとふ

特徴
とくちょう

嫉妬で鬼になった女の妖怪。

橋姫はふたつの顔をもっている。ひとつめは敵の侵入を防ぐために祀られた橋の守り神の姿。「古今和歌集」など、和歌の世界では橋姫を愛らしい女神の姿で詠むことが多かったようだ。

もうひとつは「平家物語（源平盛衰記）」に書かれた嫉妬に狂う鬼の姿をした橋姫。頭に鉄輪をまき、口に松明をくわえている姿が鳥山石燕の「今昔画図続百鬼」にも描かれている。こちらの橋姫はまさに妖怪という感じだ。

ちなみに、どちらの橋姫も嫉妬深いといわれている。橋姫の祀られている橋のちかくでほかの橋や女の人をほめるのはやめておいたほうがいいだろう。

ココに登場！ 「源平盛衰記　剣巻」より

嵯峨天皇の御世、ある公家の娘が嫉妬のあまり、貴船神社で「我を生きながら鬼神にしたまえ」と七日間祈った。哀れに思った明神が「姿を変えて宇治川に二十一日間浸かれ」と告げると、娘は髪を五つに分けて角にし、顔には朱をさし、体には丹を塗って全身を赤くし、金輪をかぶって松明を燃やし、口に両端を燃やした松明をくわえて宇治川に浸って、生きながら鬼となった。その姿を見たものは恐ろしさのあまり死んでしまったという。

▲橋姫を祀る橋姫神社（京都府宇治市）

豆知識　「源氏物語」、「太平記」にも橋姫の名前がある。能の演目「鉄輪」は、橋姫が頭に巻いた鉄輪から名前をとった、橋姫の物語。

ヒダル神

（餓鬼）

時代
特定不能

出典
江戸諸国百物語
全国妖怪事典

出現場所
西日本各地

特徴
取り憑かれると無性に腹がへる。

　山道を歩いているときに、急に腹がすいてたまらなくなったら、それは妖怪・ヒダル神のしわざにちがいない。

　ヒダル神にとりつかれると、ひどいときには手足がしびれたり、その場から一歩も動けなくなって、死んでしまうこともあるそうだ。

　助かるためにはひとくちでいいので、なにか口にするとよい。ヒダル神が出たときの用心に残しておいた弁当を食べたり、手のひらに「米」と書いてなめるのも効果があるという。

　ヒダル神は餓鬼の姿を借りて現れることがあり、餓死した人々の怨念が変化するともいわれている。

ココに登場! 千葉幹夫「全国妖怪事典　ヒダルガミ」より

　滋賀県信楽町から伊賀西山に通じる御斎峠では、朝もやも晴れない薄明にヒダルガミが出た。旅人の鼻先に異様に膨らんだガキのような腹を突き出して「お前は茶づけを食べたか」といきなり聞き、旅人が「食べた」と言うやいなや襲いかかったという。旅人の腹を裂いたヒダルガミは、僅かに残った飯粒をがつがつと食ったそうだ。

▲ヒダル神（ダル）が出たといわれる熊野古道

豆知識 ヒダル神は「ダル」「ダリ」「ダリ神」「ダリボトケ」「ダラシ」「ジキトリ」「ヒモジイサマ」などいろいろな名前で呼ばれている。

ブナガヤ

時代
特定不能

出典
ブナガヤ実在証言集

出現場所
沖縄県

特徴
全身が赤く、人なつこい。

　ブナガヤは沖縄に伝わる妖怪で、普段は川底にかくれている。妖怪といってもあまり怖くなく、こどものように小さくて赤い体と赤い髪をしている。
　手からブナガヤ火と呼ばれる炎を出したり、火のように飛んだりする。漁が上手で蟹や魚をつかまえるが、魚は目玉しか食べないという。

人なつこくて、相撲をとるのが大好きらしいので、一緒に遊べたら楽しいかもしれない。
　沖縄にはキジムナー（→山・p19）という妖怪もいるが、ブナガヤもキジムナーも人間と友だちになることがあるそうだ。沖縄に行ったら探してみるのもいいだろう。

ココに登場！ 山城善光「ブナガヤ実在証言集」より

　喜如嘉や謝名城に住む人々は、つい最近までブナガヤを待つための風習を続けていた。それはアラミと呼ばれ、ブナガヤが訪れる旧暦の八月に大きな木の上に小屋を作ってブナガヤの出現を待ち続けるものだった。大正時代の初め頃には、小屋の数は五十にもおよび、月が西の山に落ちかかると、みんな息を殺してブナガヤが出てくるという山や川や田畑を見つめ続けていたという。

沖縄に残るやんばるの森。こんなところにブナガヤがいるのかもしれない▲

豆知識　沖縄県大宜味村ではブナガヤが地域のキャラクターとして、いろいろな場所で活躍している。

船幽霊

豆知識 船幽霊は全国各地に多くの呼び名がある。福島県では「いなだ貸せ」、島根県では「ムラサ」、山口県では「夜走り」、長崎県では

時代

江戸時代

出典

絵本百物語、江戸諸国百物語

出現場所

沖縄県をのぞく
日本全国

特徴

船を集団で襲う妖怪。柄杓を貸すと、船に水を入れて沈められてしまう。

海にでる妖怪・船幽霊。舟幽霊とも書く。妖怪というより幽霊や亡霊にちかいかもしれない。

海で死んだ人の霊が化けたものとされ、大勢の船幽霊が海から船によじ登ろうとするもの、誰も乗っていない船が現れるもの（いわゆる幽霊船である）、海の上に怪火がでるものなど、形はさまざま。

山口県の壇の浦では、滅亡した平家の船幽霊が鎧武者の格好で船を襲うそうだ。

▲松林伯円「船幽霊　鳴門奇談」
国立国会図書館デジタルコレクションより

人の形をした船幽霊に杓子や柄杓を貸すと、船に海水を注がれて沈められてしまう。

船の形をした船幽霊は突然目の前に現れるが、あわてて避けると座礁してしまう。船幽霊を気にせず進むのがよいという。

どの種類の船幽霊も、雨の日や新月または満月の夜、時化の夜や霧のかかった夜にでるようだ。

高知県では七人ミサキという、船幽霊に似た妖怪がいる。海の上などに七人の幽霊が出て、それを見た者は高熱をだして死んでしまう。人をひとり殺すことができればミサキのひとりが成仏し、殺された者が七人ミサキに新しく加わる。だから七人ミサキの人数は常に七人なのだ。

ココに登場！ 「江戸諸国百物語　杓子くれ」より

盆の十三日に漁に出ると船幽霊が現れる。風雨の激しい夜に特に多い。はじめは風にのって飛んできた小さな綿のようなものが波に浮かんで漂っているだけだが、それがだんだん大きくなって顔になり、目や鼻ができて、友を呼ぶような声を発する。それはあっという間に数十に増え、舟に手をかけて上がろうとするのだ。それらは口々に「杓子くれ、杓子くれ」と言うが、杓子を渡してしまえば最後、舟は水を入れられて沈んでしまう。これを防ぐには底を抜いた杓子を舟に用意すれば良いと言われている。

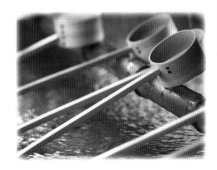

▲杓子(柄杓)

ふらり火

時代
江戸時代

出典
画図百鬼夜行、百怪図巻
越中の伝説

出現場所
特定不能

特徴
ふらふらと漂う鳥のような鬼火。

　ふらり火は、江戸時代の妖怪画にでてくる妖怪だが、細かいことはわかっていない。犬のような顔に鳥のような体……その体から火を放ち、ふらりふらりとただよっていたらしい。

　鬼火（→山・p14）の一種だといわれることもあるが、鬼火は青く燃えていることが多く、見た目も異なるので、鬼火ではないという人もいる。

　供養されなかった死者の霊魂がこの世をさまよったのちに、ふらり火になるという説もある。

　富山県にはぶらり火、または早百合火と呼ばれる伝承が残っている。こちらは富山城主に殺された女の怨念が妖怪になったもののようだ。

ココに登場！ 石崎直義「越中の伝説」より

　明治初期、越中国を流れる神通川の磯部堤に、ぶらり火が毎晩のように現れ、富山城主だった佐々成政への怨念が妖怪になったのだと人々は噂した。成政には大事にしていた妾・早百合がいたが、これを妬んだ者が早百合が浮気していると成政を騙した。怒った成政は磯部堤で早百合を切り裂き、その一族も処刑してしまう。以来、堤にはぶらり火が現れ、「早百合、早百合」と声をかけると、髪を振り乱した女の生首も現れたという。

▲現在の磯部堤（富山県）

豆知識　ふらり火のほかにも、「皿数え」、「叢原火（→里・p34）」「火魂」などの妖怪が鬼火の一種とされている。

古山茶の霊
ふるつばき

時代
じだい

江戸時代
えどじだい

出典
しゅってん

今昔画図続百鬼
こんじゃくがずぞくひゃっき

東北怪談の旅
とうほくかいだんたび

出現場所
しゅつげんばしょ

秋田県
あきたけん

山形県
やまがたけん

岐阜県
ぎふけん

特徴
とくちょう

椿の古木が人をたぶらかす。
つばきこぼくひと

「古椿の霊」とも書く。椿の古木に精霊がやどって妖怪になるものだといわれていた。

椿は花が枯れるとき、花全体がぽとりと落ちる。そのようすが人の首が落ちるようで不吉だとされていた。椿の花は、今でも病院の見舞いなどには避けるべき花だとされている。

江戸時代に流行った怪談や「百物語」(→⑲・p06)でも、椿のでてくる話はとくに人気があったようだ。

秋田県の蚶満寺には今でも「夜泣きの椿」と呼ばれる椿の木があり、寺の近くで凶事がおこると泣き声をだして知らせたという。古山茶の霊と何か関係があるのかもしれない。

ココに登場! 山田野理夫「東北怪談の旅　椿女」より
やまだのりお　とうほくかいだん　たび　つばきおんな

天明の頃、山形の山道を馬買商人と紅花商人が歩いていた。紅花商人が気づくと、前を行く馬買商人が女と道連れになっている。その女が横を向き息を吹きかけると、馬買商人は1匹の蜂になってしまった。蜂は女の周りをブンブン飛び回ったが、やがて女が道の脇に入って椿の木になると、その花の中に吸い込まれていった。やがて蜂を吸い込んだ花がポトリと落ち、紅花商人が花を拾ってみると、蜂は既に死んでいたという。

▲蚶満寺に残る椿の古木(秋田県)
かんまんじ　のこ　つばき　こぼく　あきたけん

豆知識 肥後国では、椿の木を使ってすりこぎをつくると、妖怪「木心坊」になるといわれていた。
まめちしき　ひごのくに　つばき　き　つか　ようかい　きしんぼう

見越入道

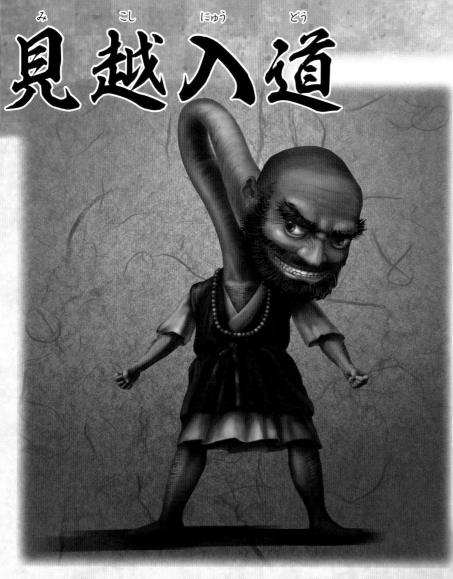

時代
江戸時代

出典
宿直草、古今百物語評判
江戸諸国百物語

出現場所

全国各地

特徴
目の前で大きくなる、僧の妖怪。

夜道や坂道にでる妖怪・見越入道。背のひくい僧侶の姿で現れるが、見つめているとどんどん背が高くなり、天までとどくような大男になる。

鼬や貉が化けているという説もあり、大きくなった見越入道を見あげていると、正体を現した鼬にのどをかみきられて死んでしまうともいわれている。

見越入道から助かる方法はいくつかあり、
①足下からではなく、頭から足のじゅんに見る。
②「見越入道見越した！」と唱える。
③見越入道が手にもっている物が妖怪の正体なので、そこを攻撃する。……などが伝わっている。
見越入道がでたら、おちついてためしてみよう。

ココに登場！ 「江戸諸国百物語　見越入道」より

壱岐国の志原村では街道に見越入道が出た。道を歩いていると、頭の上から「ワラワラワラ」と音がする。見上げると、笹の葉をゆらす見越入道がいるのだが、「見越入道、見抜いたぞ」と言えば消えてしまうという。見越入道を無視して黙って通り過ぎようとすると竹が倒れてきて、その人は死んでしまうそうだ。

「怪物画本　見越」国際日本文化研究センター所蔵▶

豆知識　「次第高」「高入道」「高坊主」「伸上り」「乗越入道」「見上入道」「入道坊主」など、全国にさまざまな呼ばれかたがある。

百々爺
（ももんじい）

時代
（じだい）
江戸時代
（えどじだい）

出典
（しゅってん）
今昔画図続百鬼
（こんじゃくがずぞくひゃっき）

出現場所
（しゅつげんばしょ）
特定不能
（とくていふのう）

特徴
（とくちょう）
見た人を病気にする、老人の妖怪。
（み）（ひと）（びょうき）　　（ろうじん）（ようかい）

　百々爺も細かいことがわかっていない妖怪だ。野衾（→⛰・p45）が老人に化けているという説もあるが、飛んできて顔をふさぐ野衾と、姿を見ると病気になる百々爺はあまり似ていない。

　江戸時代の人々は獣の肉を食べることを嫌っていたが、鹿や猪の肉は「薬」として売られていた。そんな肉を売る店を「ももんじ屋」と呼んでいたそうだ。

　病気を運んでくる百々爺と、病気を治す薬（獣の肉）を売るももんじ屋。名前が似ているのは、獣の肉を売るももんじ屋を気味悪がった人々が、病気を運んでくる妖怪に百々爺という名前をつけたのかもしれない。

ココに登場！
「今昔画図続百鬼　百々爺」より
（こんじゃくがずぞくひゃっき　ももんじい）

　山東では摸捫窠というものは、別名で野衾ともいうそうだ。また、京の都では子どもを「元興寺」というかけ声で怖がらせて泣き止ませる。この摸捫窠と元興寺のふたつの言葉を合わせたものが百々爺である。野原で夜が更け、人の行き来もなくなった頃。霧と風が激しくなった中に、老人に化けて外で遊んでいる姿が見える。その正体は百々爺で、旅人はその姿を見ると必ず病気になるといわれている。

▲今ではペットとしても人気のモモンガ
（いま）　　　　　　　　　　　　　（にんき）

豆知識　野衾が歳をとると百々爺になるという説や、野衾が里に現れるときに百々爺に化けるという説もある。
（まめちしき）（のぶすま）（とし）　　　（ももんじい）　　　　（せつ）　（のぶすま）（さと）（あらわ）　　　　（ももんじい）（ば）　　　　（せつ）

夜行さん

時代
戦国時代

出典
日本怪異妖怪大事典
八王子のむかしばなし

出現場所

東京都
徳島県

特徴
一つ目の鬼が首無し馬に乗る。

　夜行さんは一つ目の鬼の姿をした妖怪で、首のない馬に乗り、夜道を歩きまわるという。

　見た目も怖いが、目についた人間を投げ飛ばしたり、馬の足で蹴り殺したりと、行動も乱暴な妖怪だ。

　そんな夜行さんが現れるのは、大晦日と節分のほか、庚申の日（二カ月に一回ぐらい）と夜行日（毎月ある）に決まっている。むかしの人は、これらの日には外出しなかったそうだ。運悪く夜行さんに出会ってしまったときは、ぞうりを頭にのせて地面にふせていると見逃してくれることもあったらしい。

　四国に伝承が残るほか、八王子市では首なし馬に乗る姫の姿で夜行伝説が伝えられている。

ココに登場！ 菊地正「八王子のむかしばなし」より

　その昔、高月のお城が上杉の軍勢に攻められたときのこと。お城の姫が馬に乗って逃げる途中で上杉軍に見つかってしまった。馬は首をはねられたが、姫を乗せたまま天に昇っていったという。それは満月の晩のことだった。それ以来、満月の晩になると、どこからともなく蹄の音が聞こえてきて、首なし馬に乗った女の人が現れるようになった。その姿を見た者は必ず不幸になると伝えられている。

▲夜行伝説の残る高月城趾（東京都八王子市）

豆知識 アイルランドの妖精「デュラハン」は、首なし馬の曳く馬車に乗って自分の首を片手に持っている。ちょっと似ているかもしれない。

八岐大蛇
やまたのおろち

時代
じ だい

古墳時代
こ ふん じ だい

出典
しゅっ てん

日本書紀
に ほん しょ き

古事記
こ じ き

出現場所
しゅつ げん ば しょ

福井県
ふく い けん

島根県
しま ね けん

特徴
とく ちょう

八つの首と尻尾をもつ大蛇。
やっ くび しっ ぽ だい じゃ

日本の神話で最も有名な怪物といえば、八岐大蛇でまちがいないだろう。「古事記」や「日本書紀」など多くの本で登場している。

そんな八岐大蛇は八つの頭と八本の尾を持った巨大な蛇の怪物で、普段は高志国（今の福井県敦賀市）に住んでいるが、年に一度、出雲国（今の島根県）に娘を喰いに現れたという。出雲の人々は困っていたが、通りかかった神・須佐之男命が八岐大蛇を退治してしまったので、今は安心だ。

洪水の化身として、水の怖さを人々に伝えていたという説もある。

ココに登場！ 「古事記」より

高天原を追われた須佐之男命が出雲国の肥河に来ると、美しい娘と老夫婦が泣いていた。年に一度、八岐大蛇という化け物がやってきて、娘を一人ずつ食べてしまうと言うのだ。須佐之男命は娘を助けると約束し、八つの桶に酒を用意させて八岐大蛇を待った。すると、八岐大蛇がやってきて、八つの頭をそれぞれの桶に突っ込んで酒を飲み、眠ってしまった。須佐之男命は八岐大蛇を切り刻み、助け出した娘と夫婦になったという。

八岐大蛇の骨が残っていると伝えられる出雲の須佐神社▶
やまたのおろち ほね のこ つた いずも すさじんじゃ

豆知識 須佐之男命が八岐大蛇に飲ませたのが「八塩折之酒」という強い酒。映画「シン・ゴジラ」でも作戦の名前に使われていた。

57

わいら

時代
江戸時代

出典
百怪図巻
画図百鬼夜行

出現場所
特定不能

特徴
正体不明の巨大な妖怪。

わいらを描いた絵はいくつか残っているが、特徴が書かれているものはない。
前足には鎌のような大きなツメが一本だけついていて、見えているのは上半身だけ。山奥に住み人を襲うとか、その大きなツメで土をほりおこしてモグラを食べるなどの説があるようだ。
こんなにはっきりと描かれた絵が残っているのに、どんな妖怪かわからないのは、少し残念だ。

鳥山石燕「画図百鬼夜行　わいら」国立国会図書館デジタルコレクションより▶

コラム

幽霊と妖怪

歌川豊国「幽霊」ナーブルステク博物館蔵・
国際日本文化研究センターデータベースより▶

民俗学者の柳田国男が考えた妖怪と幽霊の違いは、次の3つ。
①妖怪は出る場所がきまっているが、幽霊は様々な場所に現れる。
②妖怪は相手を選ばずに現れるが、幽霊は特定の人の前に現れる。
③妖怪は夕暮れどきや明け方に出やすいが、幽霊は丑三つ時(午前二時頃)に出る。
…自分に原因がなくても襲ってくる妖怪のほうが、幽霊より怖いのかもしれない。

豆知識　わいらは、「化物づくし」という本では「はいら」という名前で、ガマの変形した緑色の怪物だと書かれている。

輪入道

時代
江戸時代

出典
諸国百物語
今昔画図続百鬼

出現場所
京都府

特徴
燃える車輪に浮かぶ男の顔……。

むかし、京都の東洞院通を走りまわっていたといわれるのが妖怪・輪入道だ。輪入道を見た者は魂をぬかれてしまうと恐れられていたが、家の玄関に「此所勝母の里」と書いた札を貼っておけば輪入道は近づいてこないともいわれていた。

輪入道が現れるのは夜遅くだが、こんな妖怪が走りまわっていたら、怖くて眠れなかっただろう。

同じ種類の妖怪に「片輪車（→p25）」がいるが、妖怪よけの札にはちがいがあるようだ。どちらが出てもいいように札は「輪入道用」と「片輪車用」、二種類とも用意しておいたほうがいいかもしれない。

 ココに登場！「諸国百物語　東洞院、かたわ車の事」より

京都の東洞院通では毎晩のように車輪の妖怪が現れて、人々は外出を控えていた。ある女が夜、こっそりと外を見ていると、通りを車輪が転がってきた。その真ん中には凄まじい形相の男の顔があり、小さな足をくわえながら「我を見るより、我が子を見よ」と叫んでいる。驚いた女が家の中を見ると、自分の子どもが足をちぎられて血まみれに……。妖怪がくわえていたのは子どもの足だったのだ。

▲現在の東洞院通（京都府）

豆知識　「入道」というのは、僧侶を表す言葉。坊主頭の妖怪は入道と呼ばれることがある。

妖怪たちが出てくる古典文学

山海経　紀元前4世紀～3世紀頃

中国の地理の本。各地の動植物などのほか、神話に関しても記述がある。日本には平安時代に伝わってきた。

奈良時代

古事記　712年

神話の時代から33代 推古天皇までの歴史が、物語中心に書かれている日本最古の歴史書。

日本書紀　720年

日本に現存する最古の正史※。神話の時代から41代 持統天皇までの歴史が、年代順に記述されている。
※正史…国家事業としてつくられた、その国の正式な歴史書。

平安時代

続日本紀　797年

42代 文武天皇から50代 桓武天皇までの歴史を記した、国がまとめた歴史書。

延喜式　927年

平安時代中期につくられた、法律に関しての細かな決まりをまとめた書物。古代史の研究で重視されている。

和名類聚抄　930年代

平安時代中期につくられた辞書。当時の社会や風俗・制度などを知る資料として知られている。

枕草子　1000年頃

平安時代に清少納言によって書かれた随筆。源氏物語と並び、日本を代表する文学とされる。

平安時代

源氏物語　1008年頃

紫式部によって書かれた長編小説で、古典文学の傑作。世界各国で翻訳され、現在も読まれている。

伊勢物語　平安時代

ある男の成人から死ぬまでを125段の歌で描いた平安時代の歌物語。

鎌倉時代

平家物語　鎌倉時代

平家の繁栄と没落を描いた軍記物語。「祇園精舎の鐘の声…」という書き出しが有名。

源平盛衰記　鎌倉時代

平家物語の異本。源氏と平家の盛衰が詳しく書かれている。

宇治拾遺物語　1242年以後

鎌倉時代に伝えられていた仏教説話や民話を集めた書物。「雀の恩返し」や「わらしべ長者」などを含む。

古今著聞集　1254年

貴族の日記から庶民の噂話まで726話を幅広く集めた、鎌倉時代の説話集。実在の人物が多く登場する。

吾妻鏡　1300年頃

鎌倉幕府がまとめた、初代将軍源頼朝から6代将軍までの出来事を記した歴史書。

授業で聞いたことのある本もあるかもしれない。ぜひ読んでみよう。

鎌倉時代

徒然草 鎌倉時代末期

「つれづれなるままに…」ではじまる日本三大随筆の一つ。
兼好法師が作者とされ、江戸時代に人気が出た。

室町時代

太平記 14世紀中頃

日本最長の歴史文学。南北朝時代を舞台に、
後醍醐天皇の即位からの50年間を描いた軍記物語。

江戸時代

曾呂利物語 1663年

江戸時代につくられた仮名草子。
妖怪が出てくる話などが、全5巻にまとめられている。

伽婢子 1666年

浄土真宗の僧・浅井了意によって編まれた仮名草子。
中国の怪異小説を元に、日本を舞台にした話を収録する。

諸国百物語 1677年

作者不詳。全5巻で、百話の怪談を集めた怪談集。
百物語怪談本の先駆けとして人気を博した。

古今百物語評判 1686年

江戸時代前期にまとめられた怪談本。
当時伝えられていた怪談を集めて解説をした書物。

日本永代蔵 1688年

江戸時代の人気作家・井原西鶴による浮世草子。
町民の生活の心得を描いた全30章から成る町人物。

江戸時代

和漢三才図会 1712年

江戸時代中期に大坂の医師・寺島良安が30年かけて
まとめた、全105巻の百科事典。

稲生物怪録 1749年

寛延2年の1カ月間に武士・稲生平太郎が体験したという
怪異をまとめた物語。内容の奇抜さで人気がある。

新著聞集 1749年

日本各地の奇談を集めた説話集。
全8冊で377話の物語を収録している。

列国怪談聞書帖 1802年

1790年に出版された妖怪画集「異魔話武可誌」の絵に、
十返舎一九の文章を追加して刊行した怪談本。

絵本百物語 1841年

鳥山石燕の「画図百鬼夜行」とならび称される奇談集。
著者は桃山人。竹原春泉斎による多色刷りの挿絵が特徴。

明治時代

怪談 1904年

ギリシャの新聞記者ラフカディオ・ハーンが日本に帰化し、
作家・小泉八雲として発表した怪奇文学作品集。

遠野物語 1910年

民俗学者・柳田国男が遠野地方の民間伝承を集めて
発表した説話集。日本の民俗学の先駆けと称される。

▼「源氏物語絵巻」提供：人文学オープンデータ共同利用センター

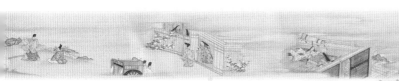

さくいん

あ

青行燈（あおあんどん）・・・・・・ 里・06
青鷺火（あおさぎび）・・・・・・・・ 山・06
青女房（あおにょうぼう）・・・・・ 里・07
青坊主（あおぼうず）・・・・・・・・ 山・07
赤えい（あかえい）・・・・・・・・・ 水・06
赤舌（あかした）・・・・・・・・・・ 水・07
垢嘗（あかなめ）・・・・・・・・・・ 里・08
小豆洗い（あずきとぎ）・・・・・・ 水・08
アッコロカムイ・・・・・・・・・・・ 水・09
油赤子（あぶらあかご）・・・・・・ 里・09
油すまし（あぶらすまし）・・・・・ 水・10
天邪鬼（あまのじゃく）・・・・・・ 山・08
アマビエ・・・・・・・・・・・・・・ 水・11
網切（あみきり）・・・・・・・・・・ 水・12
雨降小僧（あめふりこぞう）・・・・ 水・13
一反木綿（いったんもめん）・・・・ 山・09
一本だたら（いっぽんだたら）・・ 山・10
以津真天（いつまで）・・・・・・・ 里・10
牛鬼（うしおに）・・・・・・・・・・ 水・14
姥が火（うばがび）・・・・・・・・・ 水・16
姑獲鳥（うぶめ）・・・・・・・・・・ 水・17
海座頭（うみざとう）・・・・・・・・ 水・18
海坊主（うみぼうず）・・・・・・・・ 水・19
うわん・・・・・・・・・・・・・・・ 水・20
芋うに（おうに）・・・・・・・・・・ 山・11
大首（おおくび）・・・・・・・・・・ 里・11
大蜘蛛（おおぐも）・・・・・・・・・ 里・12

大入道（おおにゅうどう）・・・・・ 水・21
大百足（おおむかで）・・・・・・・・ 山・12
長壁（おさかべ）・・・・・・・・・・ 里・13
おとろし・・・・・・・・・・・・・・ 山・13
鬼（おに）・・・・・・・・・・・・・ 里・14
鬼火（おにび）・・・・・・・・・・・ 山・14
お歯黒べったり（おはぐろべったり）・ 里・16
朧車（おぼろぐるま）・・・・・・・・ 水・22
陰摩羅鬼（おんもらき）・・・・・・ 里・17

か

元興寺（がごぜ）・・・・・・・・・・ 山・15
傘化け（かさばけ）・・・・・・・・・ 水・23
火車（かしゃ）・・・・・・・・・・・ 里・18
がしゃどくろ・・・・・・・・・・・・ 水・24
カシャンボ・・・・・・・・・・・・・ 山・16
片輪車（かたわぐるま）・・・・・・ 水・25
河童（かっぱ）・・・・・・・・・・・ 水・26
蟹坊主（かにぼうず）・・・・・・・・ 山・17
金霊（かねだま）・・・・・・・・・・ 里・19
鎌鼬（かまいたち）・・・・・・・・・ 山・18
髪切り（かみきり）・・・・・・・・・ 水・28
川赤子（かわあかご）・・・・・・・・ 水・29
川姫（かわひめ）・・・・・・・・・・ 水・30
加牟波理入道（かんばりにゅうどう）・ 里・20
キジムナー・・・・・・・・・・・・・ 山・19
狐（きつね）・・・・・・・・・・・・ 山・20
狐火（きつねび）・・・・・・・・・・ 山・22
旧鼠（きゅうそ）・・・・・・・・・・ 里・21

件（くだん）・・・・・・・・・・・・ 里・22
毛羽毛現（けうけげん）・・・・・・ 里・23
毛倡妓（けじょうろう）・・・・・・ 里・24
古戦場火（こせんじょうび）・・・・ 山・23
木霊（こだま）・・・・・・・・・・・ 山・24
子泣き爺（こなきじじい）・・・・・ 水・31
コロポックル・・・・・・・・・・・・ 山・25

さ

逆柱（さかばしら）・・・・・・・・・ 里・25
栄螺鬼（さざえおに）・・・・・・・・ 水・32
座敷童子（ざしきわらし）・・・・・ 里・26
覚（さとり）・・・・・・・・・・・・ 山・26
山精（さんせい）・・・・・・・・・・ 山・27
山本五郎左衛門（さんもとごろうざえもん）里・28
朱の盤（しゅのばん）・・・・・・・・ 里・29
しょうけら・・・・・・・・・・・・・ 里・30
猩々（しょうじょう）・・・・・・・・ 山・28
絡新婦（じょろうぐも）・・・・・・ 里・31
白溶裔（しろうねり）・・・・・・・・ 里・32
人面瘡（じんめんそう）・・・・・・ 里・33
水虎（すいこ）・・・・・・・・・・・ 水・33
砂かけ婆（すなかけばばあ）・・・ 水・34
すねこすり・・・・・・・・・・・・・ 水・35
殺生石（せっしょうせき）・・・・・ 山・29
叢原火（そうげんび）・・・・・・・・ 里・34

た

だいだらぼっち・・・・・・・・・・・ 山・30

※㊤は「里の妖怪たち」、㊌は「水辺と道の妖怪たち」、㊈は「山の妖怪たち」に、それぞれ掲載されています。

高女(たかおんな)・・・・・・・・㊤・35
狸(たぬき)・・・・・・・・・・・・・・・㊌・36
タンタンコロリン・・・・・・・・・㊈・32
提灯小僧(ちょうちんこぞう)・・㊤・36
提灯火(ちょうちんび)・・・・・・・㊤・37
付喪神(つくもがみ)・・・・・・・・㊤・38
土蜘蛛(つちぐも)・・・・・・・・・・㊈・33
土転び(つちころび)・・・・・・・・㊈・34
釣瓶落とし(つるべおとし)・・・・㊤・40
鉄鼠(てっそ)・・・・・・・・・・・・・㊈・35
手長足長(てながあしなが)・・・㊈・36
手の目(てのめ)・・・・・・・・・・・㊌・38
天火(てんか)・・・・・・・・・・・・・㊈・37
天狗(てんぐ)・・・・・・・・・・・・・㊈・38
天井嘗(てんじょうなめ)・・・・・・㊤・41
豆腐小僧(とうふこぞう)・・・・・・㊌・39
百々目鬼(どどめき)・・・・・・・・㊌・40
共潜(ともかづき)・・・・・・・・・・㊌・41
泥田坊(どろたぼう)・・・・・・・・㊤・42

な

人魚(にんぎょ)・・・・・・・・・・・㊌・42
鵺(ぬえ)・・・・・・・・・・・・・・・・㊈・40
ぬっぺふほふ・・・・・・・・・・・・㊈・42
ぬらりひょん・・・・・・・・・・・・・㊤・43
ぬりかべ・・・・・・・・・・・・・・・・㊌・44
濡女(ぬれおんな)・・・・・・・・・㊌・45
猫又(ねこまた)・・・・・・・・・・・㊤・44
寝肥(ねぶとり)・・・・・・・・・・・㊤・46

野槌(のづち)・・・・・・・・・・・・・㊈・43
のっぺらぼう・・・・・・・・・・・・・・㊤・47
野寺坊(のでらぼう)・・・・・・・・㊈・44
野衾(のぶすま)・・・・・・・・・・・㊈・45

は

白蔵主(はくぞうす)・・・・・・・・㊤・48
化鯨(ばけくじら)・・・・・・・・・・㊌・46
橋姫(はしひめ)・・・・・・・・・・・㊌・47
火消婆(ひけしばば)・・・・・・・・㊤・49
ヒダル神(ひだるがみ)・・・・・・・㊌・48
一つ目小僧(ひとつめこぞう)・・㊈・46
狒々(ひひ)・・・・・・・・・・・・・・・㊈・47
ひょうすべ・・・・・・・・・・・・・・・㊤・50
貧乏神(びんぼうがみ)・・・・・・・㊤・51
二口女(ふたくちおんな)・・・・・・㊤・52
ブナガヤ・・・・・・・・・・・・・・・・㊌・49
船幽霊(ふなゆうれい)・・・・・・・㊌・50
ふらり火(ふらりび)・・・・・・・・・㊌・52
古杣(ふるそま)・・・・・・・・・・・㊈・48
古山茶の霊(ふるつばきのれい)・・㊌・53
震々(ぶるぶる)・・・・・・・・・・・㊤・53
骨女(ほねおんな)・・・・・・・・・㊤・54

ま

枕返し(まくらがえし)・・・・・・・㊤・55
迷い家(まよいが)・・・・・・・・・・㊈・49
見越入道(みこしにゅうどう)・・・㊌・54
貉(むじな)・・・・・・・・・・・・・・・㊈・50

魍魎(もうりょう)・・・・・・・・・・・㊈・51
目目連(もくもくれん)・・・・・・・・㊤・56
百々爺(ももんじい)・・・・・・・・㊌・55

や

夜行さん(やぎょうさん)・・・・・㊌・56
八咫烏(やたがらす)・・・・・・・・㊈・52
家鳴(やなり)・・・・・・・・・・・・・㊤・57
山姥(やまうば)・・・・・・・・・・・㊈・53
八岐大蛇(やまたのおろち)・・・㊌・57
山彦(やまびこ)・・・・・・・・・・・㊈・54
山童(やまわろ)・・・・・・・・・・・㊈・55
雪女(ゆきおんな)・・・・・・・・・㊈・56
夜雀(よすずめ)・・・・・・・・・・・㊈・58

ら

雷獣(らいじゅう)・・・・・・・・・・㊈・59
轆轤首(ろくろくび)・・・・・・・・・㊤・58

わ

わいら・・・・・・・・・・・・・・・・・・㊌・58
輪入道(わにゅうどう)・・・・・・・㊌・59

【参考文献】
秋田の伝説／野添憲治 野口達二(角川書店)、岩邑怪談録／広瀬喜尚(岩国徴古館)、江戸怪談集(上)(中)(下)／高田衛(岩波文庫)、
江戸諸国百物語東日本編・西日本編／人文社編集部(人文社)、紀州おばけ話／和田寛(名著出版)、聴耳草紙／佐々木喜善(ちくま文庫)、
群馬県の民話／日本児童文学者協会(偕成社)、現行全国妖怪辞典(中国民俗学会)、神饌／南里空海(世界文化社)、新編日本古典文学全集52／小島孝之(小学館)、
全国妖怪事典／千葉幹夫(講談社)、綜合日本民俗語彙／民俗学研究所(平凡社)、竹原春泉絵本百物語桃山人夜話／多田克己 京極夏彦(国書刊行会)、
遠野の昔話／佐々木喜善(宝文館出版)、東北怪談の旅／山田野理夫(自由国民社)、土佐の伝説／松谷みよ子 桂井和雄 市原麟一郎(角川書店)、
にっぽん妖怪大図鑑／常光徹(ポプラ社)、日本怪異妖怪大事典／小松和彦(東京堂出版)、日本怪談集妖怪篇／今野圓輔(現代教養文庫)、
日本幻獣図説／湯本 豪一(河出書房新社)、日本随筆大成第一期19一宵話／秦鼎(吉川弘文館)、日本の妖怪／小松和彦 飯倉義之(宝島社)、
日本の妖怪完全ビジュアルガイド／小松和彦 飯倉義之(カンゼン)、日本妖怪異聞録／小松和彦(小学館)、日本妖怪散歩／村上健司(角川書店)、
八王子のむかしばなし／菊池正(八王子市)、ビジュアル版日本の妖怪百科／岩井宏實(河出書房新社)、北海道昔話／森野正子(山音文学会)、
柳津町誌総説編(柳津町教育委員会)、妖怪お化け雑学事典／千葉幹夫(講談社)、妖怪事典／村上健司(毎日新聞社)、妖怪図巻／京極夏彦 多田克己(図書刊行会)、
47都道府県・妖怪伝承百科／小松和彦 常光徹(丸善出版)、若狭・越前の伝説／駒敏郎 花岡大学(角川書店)　他

【元絵】
鳥山石燕／画図百鬼夜行・今昔画図続百鬼・今昔百鬼拾遺・百器徒然袋、佐脇嵩之／百怪図巻、竹原春泉斎／絵本百物語、歌川国芳／東海道五十三対 桑名、
勝川春章・勝川春英／怪談百鬼図会、歌川国芳／相馬の古内裏、月岡芳年画／新形三十六怪撰、百鬼夜行絵巻　手目坊主、北尾政美／天怪着到牒、
安田文庫近世近代風俗史料貼込帖／人魚図、狩野由信／化物づくし絵巻、竜閑斎／狂歌百物語、紙本著色餓鬼草紙

【著者紹介】

監修／小松 和彦

1947年、東京都生まれ。国際日本文化研究センター所長。
埼玉大学教養学部教養学科卒業。東京都立大学大学院社会科学研究科博士課程単位修得退学。専門は文化人類学・民俗学。
著書に「憑依信仰論」「日本妖怪異聞録」(講談社学術文庫)、「異人論」「悪霊論」(ちくま学芸文庫)、「百鬼夜行絵巻の謎」(集英社新書ヴィジュアル版)、
『いざなぎ流の研究』『「伝説」はなぜ生まれたか』(角川学芸出版)など多数。

作・絵／中山 けーしょー

1962年、東京都生まれ。本の挿絵やゲームのイラストレーションを手がける。
主な作品に、小前亮の「三国志」、「新版なぞとき恐竜大行進」(理論社)、「信じる? 信じない? 世界仰天ミステリー」(岩崎書店)、
「ビースト・クエスト」(静山社)、「めいろ日本一周・自然の世界遺産を探せ、歴史の世界遺産を探せ」(ほるぷ出版)などがある。
現在は岐阜県多治見市在住。
http://けーしょー.com

伝承や古典にのこる!　日本の怖い妖怪　水辺と道の妖怪たち

2020年1月30日　第1刷発行

監　修／小松 和彦
作・絵／中山 けーしょー

発行者／中村 宏平
発　行／株式会社 ほるぷ出版
　　　　〒101-0051 東京都千代田区神田神保町 3-2-6
　　　　TEL 03-6261-6691

写真協力／ PIXTA、Adobe Stock、123RF、photoAC、フォトライブラリー、国際日本文化研究センター、
　　　　　人文学オープンデータ共同利用センター、国立国会図書館デジタルコレクション、四日市市、中山啓明
企画・編集／小宮山 民人
装丁・組版／ CROCO-STUDIO
印　刷／共同印刷株式会社
製　本／株式会社ハッコー製本